Lösungen

zu den bayer. juristischen

Universitäts-Schlußprüfungs-Aufgaben

von 1921 — 1930/31

Mit Ausnahme der öffentlichrechtlichen Aufgaben

Bearbeitet von

Jos. Pichl und Richard Zöller

Referendaren in München

München 1932

J. Schweitzer Verlag (Arthur Sellier)

Inhaltsverzeichnis.

Ordentliche Universitätsschlußprüfung 1921.

Aufgabe I.

1. An erster Stelle wird Reiter befriedigt mit 5000 RM., an zweiter Stelle Stein mit 2000 RM., an dritter Stelle Huber Mich. mit 1000 RM., an vierter Stelle Huber Anton mit 1000 RM., an letzter Stelle Stelzner mit 1000 RM. (§§ 10f. ZVG; §§ 879, 880, 1163 I 2, 1164, 1176 BGB.).

Die Einwendungen des Stelzner, es gehe ihm nur die Hypothek des Stein und zwar in Höhe von 2000 RM. vor, ist unrichtig. Mit Befriedigung des Gläubigers erlischt nämlich zwar die Forderung, nicht aber die Hypothek. Diese geht vielmehr nach § 1163 I 2 BGB. auf den Eigentümer bzw. nach § 1164 auf den persönlichen Schuldner über.

Unrichtig ist ferner die Behauptung des Stelzner, durch die Konkurseröffnung sei die Hypothekenbestellung hinfällig geworden, da bereits vor Konkurseröffnung die Erklärung des Anton Huber bindend geworden und der Antrag auf Eintragung gestellt war (§ 878 BGB.).

Anton Huber durfte auch den Rangvorbehalt ausnutzen. Nach § 881 I BGB. geht die vorbehaltene Befugnis bei Grundstücksveräußerung auf den Erwerber über.

Dem Antrag des Mich. Huber auf Befriedigung von 2000 RM. kann nicht stattgegeben werden. Für das von Stein aufgenommene Darlehen haften Mich. und Anton Huber als Gesamtschuldner (§ 421ff. BGB.). Mich. Huber war daher nach § 426 BGB. im Verhältnis zu seinem Bruder bei Fälligkeit der ersten Rate zur Zahlung von 1000 RM. verpflichtet, kann also nur für 1000 RM. von seinem Bruder Anton Ersatz verlangen. Und nur in dieser Höhe geht gemäß § 1164 BGB. die Hypothek auf ihn über. Da aber nur in Höhe von 1000 RM. die Forderung erloschen ist, hat Anton Huber nur eine Eigentümergrundschuld von 1000 RM. erworben (§§ 1163 I 2, 1164, 1177 BGB.).

2. Aus der Fragestellung ist zu entnehmen, daß unter dem Ausdruck „Kenntnishaben" zu verstehen ist, daß beim Grundbuchamt entsprechend § 113 KO. ein Antrag auf Eintragung der Konkurseröffnung gestellt ist.

Die Eintragungen ins Grundbuch erfolgen in der Reihenfolge, in der die Anträge beim Grundbuchamt einlaufen (§ 46 GO.). Daher auch § 13 I 2 GO. Unter der Voraussetzung, daß das Grundbuchamt erst nach der Eintragungsbewilligung und nach dem Antrag auf Eintragung der Hypothek von der Eröffnung des Konkursverfahrens Kenntnis erlangt hat, hatte das Grundbuchamt die Eintragung der Hypothekenbestellung vor Eintragung der Konkurseröffnung vorzunehmen. Dies auch mit Rücksicht auf § 17 GO., da durch beide Eintragungen dasselbe Recht betroffen wird.

a) Maßgebend für die Eintragungen des Grundbuchamtes ist nicht die Eintragungsbewilligung, sondern der Eintragungsantrag (vgl. insbes. §§ 13, 46 GO.). Erfuhr dagegen das Grundbuchamt schon vor Stellung des Antrags auf Hypothekeneintragung von der Konkurseröffnung, dann durfte es die Hypothek nicht mehr eintragen.

b) Es gilt hier das gleiche wie zu a, da das Grundbuchamt sogar noch vor der Abgabe der Eintragungsbewilligung von der Konkurseröffnung Kenntnis erlangt hat.

Aufgabe II.

I.

1. Die Eheleute Meier haben keinen Ehevertrag abgeschlossen, leben daher im gesetzlichen Güterstand der Verwaltung und Nutznießung des Mannes (§§ 1363ff. BGB.). Das im Eigentum der Frau stehende Haus gehört nicht zu ihrem Vorbehaltsgut, ist vielmehr eingebrachtes Gut (§ 1363 BGB.).

Der auf Grund der abgeschlossenen Brandversicherung klageweise geltend gemachte Entschädigungsanspruch ist ein zum eingebrachten Gut gehörendes Recht. Zur Geltendmachung eines solchen Rechtes im Wege der Klage bedarf die Frau der Zustimmung ihres Mannes (§ 1400 II BGB.). Die Frau war daher zur selbständigen Einklagung der Entschädigungssumme nicht befugt. Es fehlte ihr zwar nicht die Prozeßfähigkeit (§ 52 ZPO.), wohl aber die Sachlegitimation. Die Klage wäre daher nicht als unzulässig, sondern als unbegründet abzuweisen, weil die Sachlegitimation ein Teil des Klagegrundes — nicht Prozeßvoraussetzung — ist.

2. Zur Verweigerung der Einlassung war die beklagte Gesellschaft nicht befugt, da das Gesetz nur zwei Fälle der Einlassungsverweigerung kennt (§ 271 II und § 76 ZPO.), von denen aber keiner gegeben ist.

3. Ob die nachträgliche Beibringung der Zustimmung statthaft ist, ob eine Klageänderung vorliegt, kann zweifelhaft sein. Da nämlich zum Klagegrund alles gehört, was Kläger vorbringen muß, um durchzudringen, kann man in der nachträglichen Beibringung der Zustimmung eine Änderung des Klagegrundes sehen, weil ohne Zustimmung des Mannes die Klage mangels Sachlegitimation abgewiesen werden müßte.

Nach anderer Ansicht aber ist die nachträglich beigebrachte Zustimmung lediglich eine Replik und keine Klageänderung — da zum Klagegrund nicht die Zustimmung des Mannes gehöre — und als solche prozessual nach § 278 ZPO. zulässig.

II.

1. § 17 der Versicherungsbedingungen kann die Einrede des Schiedsvertrages (§ 274 ZPO.) nicht begründen. Würde ein Schiedsvertrag vorliegen, so wäre kraft Parteivereinbarung bestimmt, daß das streitige Rechtsverhältnis nicht vor den ordentlichen Gerichten, sondern vor einem Schiedsgericht ausgetragen werden solle. § 17 bestimmt aber lediglich, daß die Höhe des entstandenen Schadens durch Sachverständige verbindlich festgestellt werde. Es ist mehreren Unparteiischen überlassen, die Höhe der Leistung zu bestimmen (§§ 317ff. BGB.). Es handelt sich um ein sogenanntes Schiedsgutachten, das eine Voraussetzung zur Geltendmachung des Anspruchs ist. Mit dieser Bestimmung wird der Anspruch nicht rechtskräftig festgestellt, es wird die Lei-

stung erst fällig. Die Klage dürfte nicht abgewiesen werden als unzulässig, sondern als zur Zeit noch unbegründet.

2. Die Schadensfeststellung wird durch die Äußerung des Architekten M nicht ersetzt. § 17 VersBed. verlangt ausdrücklich Feststellung durch beiderseitig zu ernennende Sachverständige.

3. Es liegt gar kein Beweis vor, da im Prozeß überhaupt kein Beweis über die Höhe des Schadens erhoben wird. Es wäre höchstens Sachverständigenbeweis.

III.

1. § 26 ZPO. kann eine Zuständigkeit in Mannheim nicht begründen. Nach § 26 ZPO. müßte nämlich unmittelbarer Klagegrund die Grundstücksbeschädigung sein. In unserem Fall aber ist unmittelbarer Klagegrund der Versicherungsvertrag. Keine Deliktsklage, sondern eine Vertragsklage. Auch mit § 29 ZPO. kann Kläger nicht durchdringen. Denn Erfüllungsort ist in unserem Fall Berlin und nicht Mannheim. § 229 BGB. bestimmt nämlich, daß im Zweifel Leistungsort der Wohnort des Schuldners ist. Zwar bestimmt § 270 BGB., daß Geld im Zweifel dem Gläubiger an dessen Wohnsitz zu übermitteln ist, läßt aber die Vorschriften über den Leistungsort unberührt (§ 270 IV BGB.). Eine Zuständigkeit in Mannheim kann aber nach § 48 VersVertrG. begründet sein, wenn nämlich der Vertrag durch einen Agenten vermittelt oder abgeschlossen wurde, der in Mannheim zur Zeit der Vermittlung oder des Abschlusses seine gewerbliche Niederlassung oder in Ermangelung einer solchen seinen Wohnsitz hatte.

2. Die Einrede der Unzuständigkeit ist verspätet vorgebracht. Man kann schon zweifeln, ob die Einrede gleichzeitig mit den übrigen vorgebracht ist, wenn man auch den Ausdruck „gleichzeitig" nicht zu eng fassen darf. Bestimmt aber ist dem zweiten Erfordernis nicht genügt. Der Beklagte hat nämlich durch die Einrede der mangelnden Sachlegitimation bereits zur Hauptsache verhandelt (§§ 274, 39 ZPO.).

Aufgabe III.

I.

1. Der Arzt Dr. Roll und der Apotheker Merk machen sich einer fahrlässigen Tötung des Stepp nach § 222 RStGB. schuldig. Da beide auf Grund ihres Berufes zu besonderer Aufmerksamkeit verpflichtet waren, tritt die Erschwerung des Abs. 2 ein.

Die Handlungen der beiden sind kausal für den eingetretenen Tod. Nach der geltenden Äquivalenztheorie ist jede Bedingung als ursächlich anzusehen, die nicht hinweggedacht werden kann, ohne daß der Erfolg entfiele. Daß Merk und Dr. Roll von ihrem gegenseitigen Verhalten nichts wußten, ist unbeachtlich, auch wird durch das mitwirkende fahrlässige Verhalten des einen die Strafbarkeit des andern nicht ausgeschlossen. Dies wäre nur bei vorsätzlichem Dazwischentreten eines Dritten der Fall. Dr. Roll und Merk sind nicht Mittäter, da kein bewußtes und gewolltes Zusammenwirken vorliegt. Sie sind Mehrtäter oder Nebentäter.

2. Konnte Merk die Gefahr nicht erkennen, so bleibt er straflos. Dr. Roll ist nach wie vor wegen fahrlässiger Tötung zu bestrafen.

3. Hat Dr. Roll mit Wissen und Willen das verhängnisvolle Rezept geschrieben, dann macht er sich dadurch eines Verbrechens des Mordes nach § 211 RStGB. schuldig. Konnte Merk die tödliche Wirkung der Dosis erkennen, dann schließt dies zwar nicht aus, daß er ein Werkzeug des Dr. Roll ist, er ist aber dennoch wegen fahrlässiger Tötung zu bestrafen wie im Fall 1. Dr. Roll handelt in diesem Fall in mittelbarer Täterschaft. Konnte Merk die Gefahr nicht erkennen, so ist er straflos und nur Werkzeug für die Tat des Dr. Roll.

4. Hat Dr. Roll versehentlich sich verschrieben, Merk aber vorsätzlich die tödliche Dosis hergestellt, damit der ihm verhaßte Stepp daran sterbe, dann ist Dr. Roll straflos, Merk macht sich eines Verbrechens des Mordes schuldig. Die von Dr. Roll gesetzte Bedingung ist zwar nach wie vor für den Tod des Stepp kausal, es wird aber durch das vorsätzliche Dazwischenwirken des Merk der Kausalzusammenhang unterbrochen.

5. Dr. Roll macht sich schuldig eines Mordversuchs, Merk ist straflos (§§ 211, 43ff. RStGB.). Durch das Schreiben des Rezeptes in der verbrecherischen Absicht, setzt Dr. Roll eine Bedingung. Es liegt auf seiner Seite bereits eine Ausführungshandlung vor. Der Erfolg tritt jedoch durch das vorsätzliche Dazwischenwirken des Stepp ein. Dadurch wird für Dr. Roll der Kausalzusammenhang unterbrochen. Die Tat des Dr. Roll bleibt aber nach wie vor ein Versuch.

Auch Merk hat eine Bedingung zum Erfolg gesetzt. Auch hier wird der Kausalzusammenhang durch das vorsätzliche Dazwischenwirken des Stepp unterbrochen. Da Merk nur fahrlässig gehandelt hat, bleibt er straflos. Einen fahrlässigen Versuch gibt es nicht.

6. Handelt auch Merk mit Tötungsvorsatz, dann macht er sich eines Mordversuchs schuldig. Im übrigen siehe Nr. 5.

II.

1. Voraussetzung für eine Vernehmung des Dr. Roll als Zeuge ist, daß Dr. Roll und Merk in einem getrennten Verfahren verhandelt werden. Sie dürfen nicht Mitangeklagte im gleichen Verfahren sein. Auch bei Vernehmung des Dr. Roll als Zeuge darf er nicht ohne weiteres beeidigt werden. Eine Beeidigung wäre vielmehr nur möglich, wenn Dr. Roll bereits freigesprochen wäre und kein Verdacht mehr gegen ihn bestünde. Dr. Roll und Merk sind nämlich an dem gleichen Verbrechen beteiligt (Teilnahme im Sinne des § 57 Nr. 3 StPO.).

2. Das Rechtsmittel hat Aussicht auf Erfolg. Der LGR. Held ist als Richter kraft Gesetzes ausgeschlossen (§ 22 Nr. 4 StPO.). Er ist in der Sache (RG. 30, 70), das ist das Strafverfahren, welches die Verfolgung derselben strafbaren Handlung gegenüber denselben Personen zum Gegenstand hat, als Beamter der Staatsanwaltschaft tätig gewesen. Auf die Art und das Maß der Tätigkeit kommt es nicht an (RG. 17, 415; 59, 267), es genügt jede noch so geringfügige Amtshandlung.

Außerordentliche Universitätsschlußprüfung 1921.

Aufgabe I.

Aus dem gegebenen Tatbestand ist zu entnehmen, daß die Ehe nicht ohne Zustimmung des gesetzlichen Vertreters der Frau eingegangen ist. Aichinger hat daher die Verwaltung und Nutznießung an dem eingebrachten Gute seiner Frau (§§ 1343, 1364 BGB.).

Durch die Eheschließung wird aber der Mann nicht gesetzlicher Vertreter seiner minderjährigen Ehefrau. Diese Vertretungsmacht bleibt vielmehr bei dem bisherigen gesetzlichen Vertreter, erstreckt sich allerdings nicht mehr auf das Vermögen (§ 1363), sondern nur auf die die Person betreffenden Angelegenheiten (§§ 106, 1626, 1633 BGB.).

Die Ehefrau Aichinger war im Zeitpunkt des Kaufabschlusses (10. Mai 1921) noch minderjährig und damit in der Geschäftsfähigkeit beschränkt. Der von ihr mit abgeschlossene Kaufvertrag ist daher mangels Zustimmung des gesetzlichen Vertreters schwebend unwirksam (§ 108 I BGB.).

Für die Frage der Eigentumsverhältnisse ist zu bemerken, daß das dingliche Erfüllungsgeschäft (Eigentumsübertragung vom 15. Mai 1921) von dem Kausalgeschäft (Kaufvertrag vom 10. Mai 1921) völlig unabhängig ist. Der rechtliche Bestand des einen wird durch die Nichtigkeit des andern grundsätzlich nicht berührt. Aus dem gleichen Grunde der mangelnden Zustimmung ist aber auch die Einigung über den Eigentumsübergang schwebend unwirksam. Die Eintragung der Ehefrau als Miteigentümerin im Grundbuch ist zwar formell in Ordnung, materiellrechtlich ist Frau Aichinger aber nicht Eigentümerin geworden. Das Grundbuch ist unrichtig. Cajetan hat einen Berichtigungsanspruch gegen die Frau (§ 894 BGB.). § 107 BGB. trifft nicht zu. Es wäre erforderlich, daß Frau Aichinger lediglich einen rechtlichen Vorteil erlangt. Dies ist nicht der Fall, da sie durch die Eigentumsübertragung zugleich Hypothekschuldnerin würde.

Von diesem Vertrag erfährt nun der Vater als gesetzlicher Vertreter erst am 13. November 1921 und erklärt sich nicht damit einverstanden. Am 4. November aber ist Frau Aichinger bereits volljährig und damit vollgeschäftsfähig geworden (§ 106 BGB.). Der Wille des Vaters wird daher nicht mehr berücksichtigt, da nach § 108 III BGB. die Genehmigung der Frau an die Stelle der Genehmigung des Vaters tritt.

a) Frau Aichinger erklärt, sie halte ihre abgegebene Erklärung aufrecht. In diesem Falle wird sowohl das bisher schwebend unwirksame Verpflichtungsgeschäft wie das Verfügungsgeschäft wirksam (§ 184 I BGB.). Das Grundbuch wird ex tunc richtig. Frau Aichinger wird Eigentümerin und Hypothekenschuldnerin.

b) Frau Aichinger erteilt ihre Genehmigung nicht. Die bisher schwebend unwirksamen Rechtsgeschäfte bleiben unwirksam. Frau Aichinger ist in keiner Weise verpflichtet. Das Grundbuch bleibt unrichtig. Cajetan bleibt (wenigstens zur Hälfte) Eigentümer des Hauses und damit Hypothekenschuldner.

Wie steht es nun mit den von Herrn Aichinger vorgenommenen Rechtsgeschäften? Es ist ersichtlich, daß der Kaufvertrag als etwas Einheitliches anzusehen ist. Daher die gesamthänderische Verpflichtung, die Eintragung der Ehegatten je zur Hälfte als Eigentümer. Aus § 139 BGB. ergibt sich daher, daß die von Herrn Aichinger vorgenommenen Rechtsgeschäfte ebenfalls nichtig sind, da ja der eine Teil des Rechtsgeschäftes nichtig und nicht anzunehmen ist, daß Herr Aichinger für sich allein das Geschäft doch abgeschlossen hätte. Durch die Zahlung der 70000 Mark wie durch die Zahlung der Zinsen ist eine Nichtschuld gezahlt worden, das Geld kann mit der actio indebiti zurückgefordert werden (§ 812 I BGB.).

War Aichinger berechtigt, einmal 35000 Mark und dann später nochmals 2200 Mark ohne Zustimmung seiner Frau aus dem Barbestand des eingebrachten Gutes zu entnehmen und auszuzahlen? Grundsätzlich bedarf der Mann zur Verfügung über eingebrachtes Gut der Zustimmung der Frau

(§ 1375 BGB.). Eine Ausnahme besteht aber für Geld (§ 1376 Nr. 1 BGB.), so daß der Mann so handeln durfte. Wenn er aber die 2200 Mark Zinsen völlig mit Mitteln der Frau bezahlt, so ist er im Innenverhältnis dem eingebrachten Gut ersatzpflichtig (§ 426 BGB.).

Bei Zahlung der Zinsen erklärt Dimmer, er werde sich künftig nur an die Ehegatten halten. In dieser Erklärung ist die Genehmigung der Schuldübernahme zu erblicken, die notwendige Voraussetzung dafür ist, daß die Ehegatten dem Dimmer gegenüber als Schuldner an Stelle des Cajetan treten (§§ 415, 416 BGB.).

Die Aufgabe spricht von einer Verpflichtung der Ehegatten zur gesamten Hand. Beim Gesamthandsschuldverhältnis können alle nur zusammen in Anspruch genommen werden und alle können nur gemeinsam leisten. Eine gesamte Hand besteht aber immer nur in bezug auf ein bestimmtes Vermögen, einen gesamten Vermögenskomplex, z. B. Gesellschaftsvermögen der Gesellschaft des BGB. (§ 719 BGB.), beim vertraglichen Güterrecht (§ 1442 I BGB.). Eine Schuld zur gesamten Hand ist nun rechtlich in unserem Fall gar nicht möglich, da kein Gesamthandsvermögen vorhanden ist, im Bezug auf welches eine solche Schuld entstehen könnte. Wohl aber besteht eine gesamtschuldnerische Haftung. Dies einmal aus § 133 BGB. und dann aus § 427 BGB.

Aufgabe II A.

Erscheint der Beklagte in dem Termin zur mündlichen Verhandlung nicht, so ist das tatsächliche mündliche Vorbringen des Klägers als zugestanden anzunehmen und soweit dasselbe den Klageantrag rechtfertigt, nach dem Antrag zu erkennen (§ 331 ZPO.).

1. K klagt auf Zahlung des Kaufpreises für den Schreibtisch. Die rechtliche Grundlage für seine Klage ist somit ein Kaufvertrag. Bei diesem ist zu unterscheiden das abstrakte Verpflichtungsgeschäft und das dingliche Erfüllungsgeschäft. Damit K mit seiner Klage durchdringt, ist nicht nötig, daß er den Tisch geliefert hat. Er braucht dies daher auch nicht zu behaupten. Seine Klage ist schon begründet, wenn ein

Kaufvertrag, ein Verpflichtungsgeschäft zwischen ihm und B abgeschlossen ist und er diesen Abschluß behauptet. Ein Versäumnisurteil kann ergehen (§ 331 ZPO.).

2. Ein Versäumnisurteil kann auch hier ergehen. Erfüllt braucht nicht zu sein. Die Tatsache der Nichterfüllung müßte, um berücksichtigt zu werden, einredeweise geltend gemacht werden (§ 322 BGB.).

3. Ist dem Richter bekannt, daß B entgegen der Klagebegründung des K zur Zeit des Kaufabschlusses entmündigt war, so macht es keinen Unterschied, ob der Richter dies in seiner Eigenschaft als Vormundschaftsrichter oder infolge gesellschaftlicher Beziehungen weiß. Im einen wie im andern Fall handelt es sich um eine gerichtskundige Tatsache, die nach § 291 ZPO. eines Beweises nicht bedarf. (Nach anderer Ansicht sind gerichtskundig nur solche Tatsachen, die der Richter auf Grund seiner amtlichen Tätigkeit kennt, gerichtskundige Tatsachen im engeren Sinne.)

Nach § 331 ZPO. gilt das tatsächliche Vorbringen des Klägers als zugestanden. Es ist gleichsam ein unterstelltes Geständnis des Beklagten. Wo aber auch sonst die Geständniswirkung versagt, z. B. bei Tatsachen, die von Amts wegen zu berücksichtigen sind (z. B. Prozeßvoraussetzungen) oder bei unmöglichen oder durch Offenkundigkeit widerlegten Behauptungen, ist das auch bei § 331 ZPO. der Fall. Im vorliegenden Falle widerspricht das Vorbringen des K, B sei zur Zeit des Kaufabschlusses nicht mehr entmündigt gewesen, der Gerichtskundigkeit. Der zwischen K und B abgeschlossene Kaufvertrag ist daher wegen der Entmündigung nichtig und die von K erhobene Klage als unbegründet durch Endurteil abzuweisen.

4. Ist dem Richter bekannt, daß B noch jetzt entmündigt ist, so ist die Klage als unzulässig abzuweisen. Durch die Entmündigung verliert der Entmündigte seine volle Geschäftsfähigkeit (§§ 104 Nr. 3, 114, 106 BGB.) und hiermit die Prozeßfähigkeit (§ 52 I ZPO.). Ist aber B prozeßunfähig, so kann an ihn mit Wirkung überhaupt nicht zugestellt werden (§ 171 ZPO.). Die Klage ist nicht ordnungsgemäß erhoben und daher als unzulässig abzuweisen. Den Mangel der

Prozeßfähigkeit hat das Gericht von Amts wegen zu berücksichtigen (§ 56 ZPO.).

5. Auf Grund eines ungewöhnlich hohen Kaufpreises kann der Richter die Klage nicht ohne weiteres als unbegründet abweisen. Es müßten schon bestimmte Anhaltspunkte dafür gegeben sein, daß das Rechtsgeschäft als Wuchergeschäft nach § 138 BGB. nichtig ist. Versäumnisurteil kann ergehen.

Gegen das auf Antrag des K in Nr. 1, 2 und 5 vom Gericht zu erlassende Versäumnisurteil steht dem B innerhalb einer Notfrist von zwei Wochen der Einspruch zu (§§ 338, 339 ZPO.). Nicht aber hat B die Möglichkeit der Berufung (§ 513 I ZPO.). Vgl. jedoch Abs. II. Die die Klage des K abweisenden Urteile in Nr. 3 und 4 sind Endurteile. Gegen sie ist das Rechtsmittel der Berufung zulässig (§§ 511 ff. ZPO.).

Aufgabe II B.

Der Vertrag kommt zustande zwischen dem Dienstmann und Lustig. Zwar reist Lustig im Auftrage der „Fa. Huber u. Co.", so daß man auch daran denken könnte, die Firma werde verpflichtet nach § 164 BGB. Allein laut Sachverhalt erhält Lustig lediglich eine Provision von den abgeschlossenen Geschäften. Wenn er sich nun bei Erledigung seiner Arbeit zu seiner eigenen Erleichterung einer Hilfe bedient, so schließt er diesen Vertrag im eigenen Namen und Interesse ab. Seiner rechtlichen Natur nach ist der Vertrag ein Dienstvertrag (§ 611 BGB.). Auf Grund desselben ist der Dienstmann zur Leistung der vereinbarten Dienste „für den ganzen Tag" verpflichtet. Bei Beurteilung, was unter einem ganzen Tag zu verstehen ist, muß von den Verhältnissen des Reisenden ausgegangen werden. Denn der Tag ist nicht schlechtweg um 7 Uhr beendet, wenn um diese Zeit auch vielfach Arbeitsschluß ist. Wenn es eben üblich ist, daß der Reisende seine Besuche auch noch nach 7 Uhr macht, dann ist sein Arbeitstag eben noch nicht beendet und der Dienstmann verpflichtet, noch weiter Dienste zu tun.

Ein Zurückbehaltungsrecht nach § 273 BGB. steht dem Dienstmann nicht zu. Gegen Lustig hat er noch keinen fälligen Anspruch (sofern er auch noch nach 7 Uhr Dienste tun muß), zu der Firma ist er in keinerlei Vertragsverhältnis getreten und kann daher gegen sie keinerlei Ansprüche geltend machen. Verwendungen auf die Musterkoffer im Sinne des Abs. II des § 273 hat er nicht gemacht. Behält er die Koffer dennoch zurück, so macht er sich dem Lustig gegenüber verbotener Eigenmacht schuldig (§ 858 BGB.). Der Dienstmann ist nicht Besitzer, sondern nur Besitzdiener nach § 855 BGB., weil er in Beziehung auf die Musterkoffer den Weisungen des Lustig Folge zu leisten hat. Lustig hat somit die Besitzentziehungsklage nach § 861 BGB.

Die Firma als Eigentümerin der Musterkoffer kann gegen den Dienstmann mit der rei vindicatio nach § 985 BGB. vorgehen.

Aufgabe III.

I.

1. Georg Vogel macht sich schuldig eines fortgesetzten Vergehens der einfachen Amtsunterschlagung nach § 350 RStGB., in Tatmehrheit (§ 74 RStGB.) mit einem Vergehen des Betruges nach § 263 RStGB., letzteres in Tateinheit mit einem Verbrechen der Falschbeurkundung nach §§ 348, 349, 73 RStGB.

Vogel ist Beamter im Sinne des § 359 RStGB. Die Gelder sind ihm in amtlicher Eigenschaft anvertraut. Dadurch, daß er die 48 Mark nicht auf einmal, sondern durch mehrere Handlungen entnommen hat, begeht er keine drei selbständigen Straftaten, die miteinander in Realkonkurrenz stehen; es handelt sich vielmehr um ein im Fortsetzungszusammenhang begangenes Delikt. Nach der Gleichartigkeit der Fälle und nach dem ganzen Sachverhalt ist auf einen einheitlichen Vorsatz zu schließen. § 351 RStGB. findet keine Anwendung, da die Bücher richtig geführt sind, sonst hätte ja der Revisionsbeamte an Hand der Eintragungen den Fehlbetrag nicht feststellen können.

Bei dem Eintrag des Vogel in das Posteinlieferungsbuch über Einzahlung der 100 Mark handelt es sich nicht um eine Urkundenfälschung. Vogel wollte in keiner Weise eine falsche Identitätsvorstellung erwecken. Es liegt vielmehr eine Falschbeurkundung nach §§ 348, 349 RStGB. vor. Vogel beurkundet die rechtlich erhebliche Tatsache der Einzahlung von 100 Mark in dem als öffentliche Urkunde geltenden Posteinlieferungsbuch, obwohl die Einzahlung nicht erfolgt ist. Diese Handlung ist in der Absicht begangen, sich einen Vermögensvorteil zu verschaffen, nämlich die Postanstalt in den Glauben zu versetzen, daß er die 100 Mark auch tatsächlich einbezahlt habe, um so die Auszahlung dieser Summe an seinen Gläubiger Specht, für sich aber Befreiung von seiner Schuld gegenüber Specht zu erreichen.

Diese Handlung erfüllt zugleich ein Tatbestandsmerkmal des Betrugs, nämlich Vorspiegelung falscher Tatsachen. Dadurch und durch die gleichzeitige Absendung der Postanweisung wurde das Postamt in Y in den Irrtum versetzt, daß bei der Postagentur in Weidenhausen für Specht 100 Mark einbezahlt worden seien. Auf Grund dieser irrtümlichen Meinung hat das Postamt in Y den Betrag an Specht ausbezahlt. Um diesen Betrag ist die Reichspost geschädigt. Die Absicht des Vogel, sich dadurch einen rechtswidrigen Vermögensvorteil zu verschaffen, ist gegeben.

Die beabsichtigte Täuschung des Revisionsbeamten über den tatsächlichen Bestand der Kasse ist kein Betrugsversuch, sondern lediglich geschehen in der Absicht, seine Unterschlagung zu verdecken, den Strafanspruch des Staates zu vereiteln.

2. Vogel macht sich schuldig zweier sachlich zusammentreffender Vergehen der einfachen Urkundenfälschung (§§ 267, 74 RStGB.).

Bei beiden Schriftstücken handelt es sich um Privaturkunden, die zum Beweis von Rechten oder Rechtsverhältnissen von Erheblichkeit sind. Bei Ausstellung der ersten Urkunde ist es unbeachtlich, daß Blatte mit dem Inhalt der Klageschrift vermutlich einverstanden war. Es genügt, daß Vogel durch die Unterschrift die Vorstellung erwecken wollte, die Urkunde sei von Blatte unterzeichnet. Die rechtswidrige Absicht kann nicht dadurch ausgeschlossen werden, daß Vogel vielleicht nur Zeit ersparen wollte. Dies kann höchstens ein unbeachtlicher Beweggrund zu seiner Tat sein, der bei der Strafzumessung berücksichtigt werden kann. In dem Hinzufügen des Datums vom 21. April 1916 ohne Wissen des

Blatte liegt Verfälschung einer echten Privaturkunde. Diese Verfälschung nimmt er vor in der rechtswidrigen Absicht, das Strafgericht in den Irrtum zu versetzen, daß er bereits am 21. April 1916 berechtigt gewesen sei, mit dem Namen des Blatte zu zeichnen, mit anderen Worten, in der Absicht, in dem gegen ihn anhängigen Strafverfahren einen Freispruch zu erwirken. Ein Vermögensvorteil (und daher Bestrafung aus § 268 RStGB.) liegt nicht vor, weil er nur seine vorher begangene Straftat verdunkeln wollte.

II.

Schreiber macht sich nicht strafbar. Er erfüllt zwar den Tatbestand einer Begünstigung nach § 257 RStGB. in seiner milderen Strafdrohung, bleibt aber straflos wegen § 257 II, da der Schwager Angehöriger im Sinne des § 52 II RStGB. ist.

Ordentliche Universitätsschlußprüfung 1922.

Aufgabe I.

1. Helf handelt als Geschäftsführer ohne Auftrag. Er wollte Kraft und Huber zu Hilfe kommen, hat also gegen Kraft und die Erben Huber als Gesamtschuldner nach § 427 BGB. einen Ersatzanspruch nach § 683 I BGB. Eine Tierhalterhaftung des Kraft kommt nicht in Frage, da Kraft nach § 833 Satz 2 einen Entschuldigungsbeweis hat.

Eine Schadensersatzpflicht des Kraft gegenüber Huber bzw. dessen Erben und Frau Jung besteht nicht. Man kann eine solche nicht aus § 833 BGB. ableiten, da ja Kraft den Entschuldigungsbeweis nach § 833 Satz 2 BGB. hat; von einer Vertragshaftung des Kraft gegenüber Huber kann keine Rede sein, da es sich um einen Freundschaftsdienst des täglichen Lebens handelt. Vgl. überdies § 276 BGB.

Es bestehen aber Ansprüche der Frau Jung und der Erben des Huber gegen die Stadt. Diese haftet aus § 1 HaftpflichtG. § 254 BGB. kommt nicht zur Anwendung, da ein Verschulden nicht gegeben ist. Ansprüche gegen die Aktiengesellschaft als Halterin des Kraftfahrzeuges bestehen nicht, da ein unabwendbares Ereignis im Sinne von § 7 Abs. II Satz 2 KraftfG. vorliegt. Es ist für das Verhalten des Tieres gleichgültig, ob es auf einer im Betriebe des Fahrzeuges wurzelnden Ursache beruht oder auf einer anderen. Schmerzensgeld kann nicht verlangt werden, da dies nach § 847 BGB. nur bei unerlaubten Handlungen im engeren Sinne zugebilligt wird.

2. Rückgriffsansprüche bestehen zwischen Kraft und den Erben des Huber je zur Hälfte (§ 426 BGB.).

3. Klagepartei kann sowohl der Mann sein nach § 1380 BGB., da er ein zum eingebrachten Gut der Frau gehörendes Recht im eigenen Namen gerichtlich geltend machen kann, wie auch die Frau nach § 1400 Abs. II BGB. Diese bedarf allerdings der Zustimmung ihres Mannes. Daß dieser Anspruch zum eingebrachten Gut gehört, ergibt sich aus § 1363 ff. BGB., da alles, was zum Vorbehaltsgut gehört, dort erschöpfend aufgezählt ist.

Aufgabe II.

Für das Bestehen der Forderung von 200 Mark ist Kläger beweispflichtig. Zwar wird von seiten des Beklagten nicht bestritten, vom Vater des Klägers 200 Mark erhalten zu haben, allein Beklagter wendet ein, es sei dies eine Schenkung und nicht ein Darlehen gewesen. Die Tatsache aber, daß es sich um ein Darlehen handelt, gehört zum Klagegrund, dessen Bestehen Kläger beweisen muß (§ 282 ZPO.). Die Eideszuschiebung steht unter der gesetzlichen Bedingung der Beweislast, d. h. die Eideszuschiebung kann nur von einer beweispflichtigen Person wirksam vorgenommen werden (§447 ZPO.). Von einer Eideszuschiebung des Beklagten an den Kläger kann also keine Rede sein. Der Einwand des Klägers gegen die Zulässigkeit der Eideszuschiebung aus dem Grunde, weil er kein eigenes Wissen habe, geht fehl. Er ist Rechtsnachfolger seines Vaters (§ 445 ZPO.). Einen ihm zugeschobenen Eid hätte er in der Überzeugungsform zu leisten (§ 459 III ZPO.). In Betracht kommt aber nur die Eideszuschiebung des Klägers. Wenn der Rechtsanwalt des Beklagten den zugeschobenen Eid vorsorglich annimmt, so entspricht dies der Vorschrift des § 452 ZPO. Dieser Eid ist in der Wahrheitsform des § 459 I ZPO. zu leisten. Die Auferlegung hat gemäß § 460 ZPO. durch bedingtes Endurteil zu erfolgen. Über den Inhalt dieses Urteils vgl. § 462 ZPO.

Die von dem Beklagten behauptete Rückzahlung des Darlehens von 150 Mark ist nicht Leugnung des Klagegrundes, sondern eine Einrede, deren Richtigkeit der Beklagte zu beweisen hat. Er kann den Beweis dadurch antreten, daß er dem Kläger den Eid zuschiebt (§§ 445, 451 ZPO.). Nimmt Kläger den Eid an, so hat er ihn in der Überzeugungsform zu leisten (§ 459 III ZPO.). Er kann ihn aber auch zurückschieben (§ 448 I ZPO.).

Dieser seiner Beweispflicht ist der Beklagte nicht nachgekommen, das Gericht muß also annehmen, daß der Beklagte den Betrag von 150 Mark nicht zurückgezahlt hat.

Dennoch muß der Klageanspruch in dieser Höhe zurückgewiesen werden, da durch die Aufrechnung die Forderung erloschen ist (§ 389 BGB.). Der Einwand des Klägers, daß die Aufrechnung, weil an eine Bedingung geknüpft, unstatthaft sei, geht fehl. Der Eventualaufrechnung steht § 388 BGB. nicht entgegen. Es wird nicht die Aufrechnung von einem künftigen, ungewissen Ereignis, sondern von einer objektiv bereits feststehenden Tatsache, nämlich dem Bestand der Gegenforderung abhängig gemacht.

Die Widerklage ist auf jeden Fall materiell unbegründet, da durch die Aufrechnung die Forderung erloschen ist. Nach herrschender Anschauung ist sie aber auch formell nicht in Ordnung, weil eine eventuell erhobene Widerklage nicht zulässig ist (Stein-Jonas § 281 Anm. III).

Aufgabe III.

I.

Geiz ist straflos. Die Absendung der Bonbons ist eine Ausführungshandlung. Da die Tat nicht zur Vollendung gekommen ist, liegt nur ein Versuch vor. Durch die Absendung des Telegramms tritt aber Geiz von dem noch nicht vollendeten Verbrechen zurück. Der Versuch bleibt daher straflos (§ 46 Ziff. 2 RStGB.).

Durch die Unterschrift mit dem Namen „Müller" unter das Telegramm macht sich Geiz nicht wegen Urkundenfälschung strafbar. Er wollte nämlich nicht eine falsche Identitätsvorstellung erwecken, vielmehr nur seine Person verdecken.

Exter macht sich der Beihilfe schuldig (§§ 211, 49 RStGB.). Er ist sowohl nach der objektiven wie nach der subjektiven Theorie Gehilfe. Er begeht weder eine Ausführungshandlung, noch handelt er mit dem animus auctoris. Er hat nur den animus socii. Der Rücktritt des Geiz kommt ihm nicht zugute, da der Rücktritt ein persönlicher Strafaufhebungsgrund ist, der nur dem Zurücktretenden zugute kommt.

Die Putz ist straflos. Anstiftung scheidet aus, weil Geiz bereits zur Tat entschlossen war. Auch ein Auffordern zu einem Verbrechen nach § 49a RStGB. kommt nicht in Frage, weil die Aufforderung kein Gewähren von Vorteilen, sondern nur ein Aufmerksammachen auf die durch die Tat zu erlangende Beute enthält. Die Vorteile im Sinne des § 49a müssen außerhalb des Deliktes liegen und dürfen nicht in dem durch das Verbrechen zu erlangenden Vorteil bestehen (RG. Bd. 56, 362). § 139 RStGB. trifft ebenfalls nicht zu, da die Putz von dem geplanten Verbrechen nichts wußte.

Schickt nicht Geiz, sondern Exter die Bonbons ab, so bleibt Exter nach der subjektiven Theorie nach wie vor Gehilfe, da er nicht mit dem animus auctoris handelt. Geiz bleibt Täter (animus auctoris liegt bei ihm vor). Nach der objektiven Theorie ist Exter Täter, da er eine Ausführungshandlung vornimmt. Geiz dagegen ist Anstifter.

Tritt Geiz durch die Absendung des Telegramms von seiner Anstiftung zurück, so wirkt dieser Rücktritt bestenfalls nur für ihn, während Exter, bei dem diese Voraussetzung nicht vorliegt, wegen Mordversuchs zu bestrafen ist. Dieser Mordversuch bleibt auf seiten des angestifteten Exter bestehen und kann durch den Rücktritt des Geiz nicht aus der Welt geschafft werden. Bei konsequenter Durchführung des Akzessorietätsprinzips muß daher auch Geiz für diesen Mordversuch als Anstifter haften. Geiz ist daher strafbar wegen Anstiftung zum Versuch (bestritten) (§§ 211, 43, 48 RStGB.). Anders natürlich, wenn es Geiz gelungen wäre, auch den Exter zum Rücktritt zu bewegen.

II.

Zuständig zur Entscheidung über die Beschwerde ist die Strafkammer des Landgerichtes (§§ 304 ff. StPO. in Verbindung mit § 73 GVG.).

Da wir in der Voruntersuchung stehen, kann der Untersuchungsrichter ohne Antrag der Staatsanwaltschaft den Haftbefehl erlassen (§ 124 II StPO.).

Außerordentliche Universitätsschlußprüfung 1922.

Aufgabe I.

Ein gültiger Kaufvertrag zwischen Maier und Huber besteht nicht, da Schriftlichkeit nicht genügt (§§ 313, 125 BGB.). Wenn das Anwesen dem Maier tatsächlich wie einem Eigentümer überlassen wurde, so geschah dies mit Rücksicht auf die zu erwartende Auflassung und Eintragung des Maier als Eigentümer. Aus dem gleichen Grund hat Maier die 20000 Mark bezahlt und sich zur Schuldübernahme der Forderung des Bankiers Goldmann bereit erklärt. Als Rechtsgrund war hiebei die spätere Eigentumsübertragung vorausgesetzt. Der mit diesen Leistungen bezweckte Erfolg ist nicht eingetreten.

1. Daraus ergibt sich, daß sowohl Maier wie Huber das gegenseitig Geleistete mit der Klage aus ungerechtfertigter Bereicherung nach § 812 I 2 BGB. (causa data causa non secuta) zurückverlangen können. Huber hat die 20000 Mark, Maier den eingezogenen Pachtzins an Huber zurückzugewähren. Auch ist Maier an die dem Huber gegenüber übernommene Schuldübernahme nicht mehr gebunden. Ein Anspruch auf Herausgabe des Grundstücks steht dem Huber, da er nicht mehr Eigentümer ist, nicht zu.

2. Maier ist Besitzer, Maierhofer ist Eigentümer des Grundstückes. Letzterer kann von dem besitzenden Maier die Herausgabe des Grundstückes verlangen (§ 985 BGB.). Für die von Maier für den neu aufgebauten Stall gemachten Verwendungen kann er als gutgläubiger Besitzer nach § 994 BGB. Ersatz verlangen. Es handelt sich hiebei nach dem Sachverhalt um notwendige Verwendungen. Für diese steht ihm nach § 1000 BGB. ein Zurückbehaltungsrecht zu. Um eine gewöhnliche Ausbesserung von Wirtschaftsgebäuden im Sinne des § 582 BGB. handelt es sich nicht.

3. Der Kauf des Grundstückes durch Maierhofer beendigt den bestehenden Pachtvertrag nicht (§§ 571, 581 II BGB.) Maierhofer tritt an Stelle des Huber in das Pachtverhältnis

mit den sich daraus ergebenden Rechten und Pflichten ein (§ 571 I BGB.).

4. Ein Rechtsverhältnis zwischen Müller und Maier besteht nicht mehr. Durch die seinerzeitige getroffene Vereinbarung galt zwar Maier als Verpächter und war zur Einziehung des Pachtzinses berechtigt. Müller ist durch die Leistung an Maier von seiner Pachtzinsschuld befreit, Huber muß die Zahlung an Maier gegen sich gelten lassen (§ 409 I BGB.). Vertragsvoraussetzung für die dem Maier von Huber gewährte Stellung als Verpächter war der Eigentumsübergang des Grundstückes, der nicht erfolgte. Durch den Erwerb des Anwesens durch Maierhofer ist Maier dieser Rechtsstellung verlustig gegangen, so daß er in keiner Weise mehr gegen Müller Ansprüche als Verpächter geltend machen kann.

Aufgabe II.

I.

1. Schwarz muß die Forderung aus seinem Privatvermögen ganz erfüllen. Die Gesellschafter einer off. HG. haften nach § 128 HGB. für die Gesellschaftsverbindlichkeiten persönlich und zwar als Gesamtschuldner (§ 421 BGB.).

2. Für das an Lehmann Bezahlte kann Schwarz aus der Gesellschaftskasse Ersatz verlangen. Die persönliche Leistung aus seinem Privatvermögen an Lehmann ist eine Aufwendung im Sinne des § 110 HGB. Da im Gesellschaftsvertrag nichts bestimmt ist, ist Schwarz nach §§ 114, 116 HGB. zur Geschäftsführung selbständig berechtigt und verpflichtet. Auch steht ihm nach §§ 125, 126 HGB. die Vertretungsmacht zu. Er kann also eigenmächtig das Geld aus der Gesellschaftskasse entnehmen. § 181 BGB. steht dem nicht entgegen, da das vorgenommene Rechtsgeschäft lediglich in der Erfüllung einer Verbindlichkeit besteht.

3. Widerspricht Rot, so muß Schwarz die Entnahme des Geldes unterlassen (§ 115 I 2 HGB.). Gründe für den Widerspruch braucht Rot nicht anzugeben. Dieser Widerspruch hat aber nicht die Bedeutung, daß Schwarz bei Nichtbeachtung desselben das Geld zu Unrecht besitzt. Er macht

sich lediglich im Falle der Schädigung der Firma schadensersatzpflichtig.

4. Die Zahlung an Lehmann ist eine Aufwendung des Schwarz, für die ihm die Gesellschaft ersatzpflichtig ist. Dieser Ersatzanspruch des Schwarz ist eine Gesellschaftsverbindlichkeit, für welche nach § 128 HGB. die Gesellschafter als Gesamtschuldner persönlich haften. Rot ist daher nach § 426 II BGB. zum anteilsmäßigen Ersatz, d. h. zur Zahlung der Hälfte verpflichtet.

II.

1. Bei Abweisung der ersten Klage kann K von neuem Klage erheben. Die Einrede der Rechtskraft steht ihm nicht entgegen. Nach § 322 Abs. I ZPO. sind nämlich Urteile der Rechtskraft nur insoweit fähig, als über den durch die Klage erhobenen Anspruch entschieden ist. Wird also im ersten Prozeß nur über den vertraglichen Anspruch entschieden, so kann auch nur dieser in Rechtskraft erwachsen. Zwischen dem vertraglichen und dem deliktischen Anspruch liegt nach herrschender Ansicht Identität nicht vor. Ein Einlassungsverweigerungsrecht hat B nicht, da die ZPO. nur mehr zwei Fälle dieser Art kennt (siehe §§ 271, 76 I ZPO.).

Die Einrede kann B noch in einem späteren Termin auch nach erfolgter Einlassung erheben. Es handelt sich nämlich um eine unverzichtbare Einrede, die von Amts wegen zu berücksichtigen ist (§ 295 II ZPO.).

2. K kann während des ersten Prozesses die zweite Klage mit der neuen Begründung erheben. Eine Einrede steht ihm nicht entgegen. Als solche käme höchstens die Einrede der Rechtshängigkeit in Frage, die aber mangels Identität des Klagegrundes nicht gegeben ist. (Ob dies praktisch ist, ist eine andere Frage.) Die Einlassung zur Hauptsache kann B nicht verweigern (siehe oben II, 1).

3. Hat in dem ersten Prozeß K seine Klage auf Vertrag gestützt, so kann er nicht ohne weiteres in Anlehnung an § 823 BGB. die andere Begründung nachbringen. Das wäre nämlich eine Klageänderung, da der Klagegrund geändert wird. K stützt bisher seine Klage auf Vertrag, nun-

mehr auf Delikt. B kann dieser Klageänderung widersprechen (§§ 264, 268 ZPO.).

Aufgabe III.

I.

Grundner und Wex handeln vereinbarungsgemäß, also in bewußtem und gewolltem Zusammenwirken und sind daher Mittäter (§ 47 RStGB.). Eine gegenseitige Anstiftung scheidet aus. Durch ihre Handlung vom 15. und 16. November 1922 machen sie sich eines Vergehens des Betruges nach § 263 RStGB. schuldig. Grundner macht sich durch seine Handlung vom 3. Dezember eines weiteren Vergehens des Betruges schuldig. Seine beiden Handlungen sind in Tatmehrheit begangen (§ 74 RStGB.). Fortsetzungszusammenhang könnte man nur annehmen, wenn der Vorsatz vom Anfang an auf Erlangung der 10000 Mark gerichtet gewesen wäre, zu welcher Annahme der Sachverhalt keinen Anlaß gibt.

Wex und Grundner haben durch Vorspiegelung falscher Tatsachen (Chemiker, sicher wirkendes Einschläferungsmittel!) bei der Lieb einen Irrtum erregt, auf Grund dessen die Lieb bestimmt wurde, Wex und Grundner 3000 Mark und 7000 Mark auszuhändigen. Um diesen Betrag ist die Lieb geschädigt, da die versprochenen Gegenleistungen nicht geleistet wurden. Daß die Lieb auf die Gegenleistung keinen rechtlichen Anspruch hatte (§ 138 BGB.), ist unbeachtlich, da für die Vermögensbeschädigung im Sinne des § 263 RStGB. es nicht auf die rechtliche, sondern auf die tatsächlich wirtschaftliche Schädigung ankommt. Bedenken könnte man haben, ob die Lieb, da geisteskrank, überhaupt getäuscht werden konnte. Allein wie aus dem Sachverhalt zu entnehmen ist, war es der Lieb möglich, durch die gewonnenen Eindrücke die vorhandenen Vorstellungen (Chemiker, leichtes Einschläferungsmittel) bei der Bildung ihres Willens bestimmend zu verwerten und darnach zu handeln. Mit anderen Worten, ihr Wille konnte durch die Vorstellung beeinflußt, sie daher getäuscht werden.

Diese Handlungen haben Wex und Grundner in der Absicht begangen, sich einen rechtswidrigen Vermögensvorteil zu verschaffen. Zu einem rechtswidrigen Vermögensvorteil genügt es, daß der Vorteil nicht verlangt werden kann. Selbst wenn man sich aber auf den Standpunkt stellt, daß nur der Vermögensvorteil rechtswidrig ist, der wieder zurückgegeben werden muß (Beling folgernd aus § 817 BGB.), so ist zu bedenken, ob die Lieb, da geisteskrank, durch die Hingabe des Geldes überhaupt gegen die guten Sitten verstoßen konnte. Ohne Einfluß ist es, ob Wex den Geisteszustand der Lieb kannte oder nicht kannte.

Würde eine Täuschungsabsicht der Lieb wegen ihrer Geisteskrankheit zu verneinen sein, dann könnte man nur Unterschlagung auf seiten des Wex und Grundner annehmen. Auch als Geisteskranke kann die Lieb Besitz und Gewahrsam an dem Gelde haben, den sie durch ihre Hingabe an Wex und Grundner aufgibt. Durch die Hingabe erlangt Wex und Grundner zwar Gewahrsam an dem Geld, dasselbe bleibt für sie aber nach wie vor eine fremde Sache, da die Lieb infolge des Mangels ihren Willen frei zu bestimmen, Eigentum überhaupt nicht übertragen kann (§ 104 Nr. 2 BGB.). Die Übergabe des Besitzes ist ein tatsächlicher und kein rechtlicher Vorgang. Von einer Wegnahme im Sinne des § 242 RStGB. kann keine Rede sein.

II.

1. Mit der Übersendung der Akten an die Staatsanwaltschaft ist die Voruntersuchung noch nicht beendet. Die Beendigung ist vielmehr erst mit der Stellung der Anträge des Staatsanwalts an das Gericht anzunehmen. Wir stehen also noch im Stadium der Voruntersuchung. Will nun der Untersuchungsrichter die Ergänzung der Voruntersuchung ablehnen, so muß er die Entscheidung des Gerichtes einholen (§ 197 StPO.). Das Gericht ist hier die Strafkammer des Landgerichtes (§ 73 GVG.).

In der Voruntersuchung ist der Untersuchungsrichter ohne Antrag der Staatsanwaltschaft von sich aus befugt, einen Haftbefehl zu erlassen (§ 124 II StPO.). Dennoch aber wird man der Staatsanwaltschaft das Recht zuerkennen müssen, einen Haftbefehl zu beantragen. Gegen den ablehnenden

Bescheid ist Beschwerde zulässig (§ 304 StPO.). Über die Beschwerde entscheidet die Strafkammer des Landgerichts (§ 73 GVG.).

2. Zuständig zur Aburteilung ist das Amtsgericht und zwar, da ein Vergehen Gegenstand der Verhandlung ist, das Schöffengericht, es sei denn, daß nach § 25 Nr. 2c GVG. die Staatsanwaltschaft den Antrag stellt, daß der Amtsrichter allein entscheiden solle.

Örtlich zuständig ist das Amtsgericht München (§§ 7, 8 StPO.).

3. Gegen das Urteil ist Berufung zulässig (§ 312 StPO.). An Stelle der Berufung ist auch das Rechtsmittel der Sprungrevision möglich, d. h. es kann unter Übergehung der Berufungsinstanz sofort Revision ergriffen werden (§335 StPO.).

Ordentliche Universitätsschlußprüfung 1923.

Aufgabe I.

Der am 1. März 1923 zwischen Huber und Hinterhuber abgeschlossene Vertrag ist ein Tauschvertrag, auf den gem. § 515 BGB. die Vorschriften über den Kauf entsprechend Anwendung finden. Gegenstand des Tausches sind Pferde. Es finden also die Vorschriften über den Viehkauf Anwendung (§§ 481ff. BGB.). Nach § 482 BGB. hat der Verkäufer nur bestimmte Fehler zu vertreten, die sogenannten Hauptmängel. Zu diesen gehören die Fehler des Braunen nicht. Huber hat aber die Gewähr dafür übernommen, daß das Pferd ohne Fehler sei. Damit tritt für ihn die weitere Gewährleistung des § 492 BGB. ein. Hinterhuber kann also nach § 487 I BGB. Wandlung verlangen. Ein Schadensersatzanspruch wegen Nichterfüllung steht dem Hinterhuber nicht zu (§§ 481, 463 BGB.). Die Übernahme der Gewähr ist nicht gleichbedeutend mit der nach § 463 BGB. zur Begründung des Schadensersatzanspruches erforderlichen Zusicherung. Der Anspruch auf Wandlung unterliegt einer Verjährungsfrist von 6 Wochen. Die Frist beginnt mit der Ablieferung des Pferdes, da eine Gewährfrist nicht vereinbart ist (§§ 492, 490 BGB.). Die Verjährungsfrist hat begonnen am 2. März (§ 187 I BGB.), endigt am 12. April (§ 188 II BGB.). Der Anspruch auf Wandlung ist demnach verjährt und zwar gleichgültig, ob man der Vertrags- oder der Restitutionstheorie folgt. Möglich allerdings ist, daß Hinterhuber gegen die Einrede der Verjährung die Replik der Arglist hat (RG. Bd. 115, 135ff.).

Der Anspruch des Hinterhuber auf Schadensersatz kann gestützt werden auf positive Vertragsverletzung (§ 276 — nach Ansicht des RG. — oder §§ 280, 286 oder 326 BGB. — überwiegende Ansicht der Literatur). Denn in der Übernahme der Gewähr von seiten des Huber für die Fehlerfreiheit des Pferdes, ohne daß er das Pferd und seine Eigenschaften näher kennt, ist eine Fahrlässigkeit zu erblicken. In analoger

Anwendung von §§ 490, 492 BGB. ist auch dieser Anspruch als verjährt anzusehen (vgl. RG. Bd. 53, 200ff.). Seinen Schadensersatzanspruch kann Hinterhuber auch auf unerlaubte Handlung stützen, da Fahrlässigkeit vorliegt (§ 823 I BGB.). Dieser deliktische Anspruch verjährt in 3 Jahren (§ 852 BGB.).

Kennt Huber bei Abschluß des Vertrages die Fehler seines Pferdes, so hat er diese arglistig verschwiegen und es sind die Gewährleistungsansprüche des Hinterhuber nicht verjährt (§§ 492, 490, 477 BGB.). Hinterhuber kann also noch Wandlung verlangen. Darüber hinaus kann Hinterhuber Schadensersatz wegen Nichterfüllung verlangen, da arglistiges Verschweigen vorlag (§§ 481, 492, 587 I, 463 BGB.). Der Umfang der Schadensersatzpflicht bestimmt sich nach §§ 249ff. BGB. Hiernach hat Huber entsprechend §§ 286 und 325 I BGB. den Schimmel zurückzugeben und dem Hinterhuber für die getötete Kuh Ersatz zu leisten. Nach § 252 BGB. haftet er dem Hinterhuber auch dafür, daß das Pferd zum Zug nicht verwendet werden konnte. Auch hier kann Hinterhuber seinen Schadensersatzanspruch von 500 Mark auf positive Vertragsverletzung und auf unerlaubte Handlung gründen.

Hinterhuber hat wegen der arglistigen Täuschung auch ein Anfechtungsrecht nach § 123 BGB. Durch die Anfechtung wird gem. § 142 BGB. der Vertrag ex tunc nichtig. Das gegenseitig Geleistete kann jeder nach den Regeln der ungerechtfertigten Bereicherung in Verbindung mit der rei vindicatio (§ 985 BGB.) zurückverlangen, da durch die Extuncwirkung der Anfechtung jeder Eigentümer seiner geleisteten Sache geblieben ist.

Aufgabe II.

I.

1. In Höhe des Anerkenntnisses kann gegen den B ein Teilanerkenntnisurteil ergehen (§ 307 ZPO.). Über die Kostentragung kann in diesem Urteil nicht entschieden werden. § 93 ZPO. kann hier deshalb nicht in Betracht kommen, weil für den Fall des Durchdringens des Klägers mit seiner Restforderung Kläger nach § 266 BGB. die Teilleistung ablehnen konnte, der Beklagte also durch sein Verhalten zur Klage Veran-

lassung gab. Das Teilurteil ist als ein Endurteil anzusehen (§ 301 ZPO.). Als solches ist es selbständig mit Rechtsmittel anfechtbar (§ 511 ZPO.).

2. Die Zulässigkeit der Eideszuschiebung hängt ab von der Frage der Beweislast. K hat den Klagegrund, wozu auch die Höhe seiner Forderung gehört, zu beweisen (§ 282 ZPO.). Er ist also beweispflichtig. Diesen Beweis kann er durch Eideszuschiebung antreten, soweit die Voraussetzungen hierzu nach § 445 ZPO. vorliegen. Diese sind hier gegeben. Da B nicht beweispflichtig ist, übernimmt er durch seine Eideszuschiebung auch nicht die Beweislast (§ 447 ZPO.). Seine Eideszuschiebung ist völlig unbeachtlich.

3. Die Zurückschiebung des Eides ist zulässig, es sei denn, daß der Vertrag nicht vom Kläger persönlich, sondern von einer andern Person (in unserm Fall dem Prokuristen) abgeschlossen wurde (§ 448 I u. II ZPO.).

4. Über den streitigen Restbetrag hat das Gericht ein bedingtes Endurteil zu erlassen (§§ 460, 462 ZPO.).

II.

Es ist zu unterscheiden zwischen der sog. Abweisungstheorie und der Beweistheorie. Nach der Abweisungstheorie ist bei Feststehen der Gegenforderung die Klage letzten Endes auf jeden Fall abzuweisen, so daß die Begründetheit der Wandlungseinrede vorher nicht geprüft zu werden braucht. Nach der Beweistheorie muß die Wandlungseinrede geprüft werden. Es soll nämlich Beweis geschaffen werden, aus welchem Grund die Abweisung der Klage erfolgt, da im Falle der Abweisung wegen Aufrechnung einer Gegenforderung auch über diesen Gegenanspruch rechtskräftig mitentschieden wird.

1a. Das Gericht erläßt Endurteil und spricht die Verwerfung der Wandlungseinrede in den Gründen aus.

1b. Solange die Einrede der Aufrechnung noch nicht erledigt ist, kann das Gericht die Einrede der Wandlung durch Vorbehaltsurteil verwerfen, wenn die Voraussetzungen des § 302 ZPO. gegeben sind. Ist dies nicht der Fall, dann durch Zwischenurteil nach § 303 ZPO.

2. Der zugeschobene und von B angenommene Eid ist durch bedingtes Endurteil aufzuerlegen (§§ 460, 462 ZPO.).

Aufgabe III.

I.

Petermann macht sich schuldig:

1. Eines Vergehens der Sachhehlerei nach § 259 RStGB. bzw. eines Vergehens der Beihilfe zur Unterschlagung. War nämlich der verkaufte Karabiner Eigentum eines Kameraden des Soldaten oder hat ihn der Soldat aus der Vorratskammer entnommen, dann hat der Soldat den Karabiner erst in rechtswidriger Absicht wegnehmen müssen (§ 138 MStGB.). Der Ankauf durch Petermann ist dann Sachhehlerei. War dagegen der Karabiner der Dienstkarabiner des Soldaten selbst, dann hat er sich durch den Verkauf einer Unterschlagung schuldig gemacht (§ 138 MStGB.). Der Ankauf durch Petermann ist dann entweder Beihilfe zur Unterschlagung oder Sachhehlerei, was davon abhängt, in welchem Zeitpunkt man die Unterschlagung als vollendet ansieht, mit dem Kaufabschluß erst oder bereits mit dem Anerbieten des Karabiners durch den Soldaten.

Petermann verstößt durch den Ankauf gleichzeitig gegen § 370 Nr. 3 RStGB. Beide Straftaten stehen in Idealkonkurrenz. Doch ist die Straftat aus § 370 Nr. 3 verjährt (§ 67 III RStGB.).

2. Eines Vergehens der unberechtigten Jagdausübung nach §§ 292, 294 RStGB. Die Gewerbsmäßigkeit ist zu bejahen, da Petermann aus der Jagdausübung sich dauernd Vermögensvorteile verschaffen wollte. Ob für den Fall des 10. Juni 1919 der § 293 RStGB. zutrifft, hängt davon ab, ob man die Abenddämmerung als Nachtzeit im Sinne des Gesetzes ansieht.

3. Einer fahrlässigen Tötung (§ 222 RStGB.). Dadurch, daß Petermann den Karabiner in geladenem Zustand im Wagen liegen ließ und dem Knoll, ohne ihn aufmerksam zu machen, den Auftrag gab ihn zu reinigen, hat er fahrlässig gehandelt. Diese Handlung ist kausal für den Tod der Frau Knoll. Die Fahrlässigkeit des Petermann als Ursache für den

Erfolg wird durch die mitwirkende Fahrlässigkeit des Knoll nicht ausgeschlossen. (Siehe oben Ordentl. Univ.-Schlußprüfung 1921, III. Aufgabe I. Ziff. 1.) Die Straftaten des Petermann zu 1—3 sind in Tatmehrheit begangen (§ 74 RStGB.).

II.

1. Knoll macht sich einer fahrlässigen Tötung schuldig (§ 222 RStGB.). Er hat den tötlichen Schuß abgegeben und daher eine Bedingung zum Erfolg gesetzt. Durch das Hantieren an dem Karabiner in unmittelbarer Nähe von Menschen, ohne sich vorher von dem ungeladenen Zustand des Karabiners zu überzeugen, handelt er fahrlässig. Dies insbesondere auch deshalb, weil er vor dem Einfetten den Sicherungsflügel herumdrehte und dadurch das Gewehr entsicherte. Petermann und Knoll handeln nicht in bewußtem und gewolltem Zusammenwirken. Wegen der Frage der Sachhehlerei siehe Nr. 2.

2. Ob sich die Mitglieder der Truppe (darunter auch Knoll) strafbar machen, hängt davon ab, ob das Verzehren des Wildes ein Ansichbringen im Sinne des § 259 RStGB. ist. Die Frage ist, wenigstens in unserem Falle (gemeinsames Verzehren), zu verneinen. Daher Straflosigkeit.

II.

Durch die Zurücknahme seiner eingelegten Revision zu Protokoll des Gerichtsschreibers ist das Urteil des Landgerichtes rechtskräftig geworden. Ein Widerruf dieser Zurücknahme ist ausgeschlossen. Da eine Revision nicht mehr möglich ist, war der Antrag des Petermann durch das Gericht erster Instanz gemäß § 346 I StPO. als unzulässig zu verwerfen. Gegen diesen Beschluß kann Petermann binnen einer Frist von einer Woche nach Zustellung die Entscheidung des Revisionsgerichts beantragen (§ 346 II StPO.). Zur Entgegennahme der Revisionsanträge war der Gerichtsschreiber des Amtsgerichtes nach § 299 StPO. befugt.

Außerordentliche Universitätsschlußprüfung 1923.

Aufgabe I.

I.

Erben Schröders sind seine Frau zu ¾ und sein Großvater zu ¼ (§§ 1931, 1926 BGB.). Die Schwester seiner Mutter erhält nichts.

Frau Engel kann die zweite Ehe nicht mehr anfechten, da diese durch die Scheidung bereits aufgelöst ist (§ 1338 BGB.). § 1350 BGB. trifft nicht zu.

Durch die zweite Eheschließung wurde die erste Ehe aufgelöst (§ 1348 II BGB.). Eine neue Eheschließung ist daher erforderlich.

Schröder hat einen Anspruch aus § 2031 und 2018 BGB. auf Herausgabe der Erbschaft gegen die Erbschaftsbesitzer. Er kann alles verlangen, was diese besitzen. Die Fabrik braucht nicht an ihn zurückgegeben werden, weil die AG. die Fabrik nicht auf Grund der Erbschaft, sondern auf Grund Vertrages besitzt. § 2030 BGB. kommt nicht in Frage, da die Fabrik nicht ein Erbteil (§ 2033 BGB.), sondern ein Gegenstand aus der Erbschaft ist. Von den Aktionären kann er, soweit sie nicht Erbschaftsbesitzer sind, weder die Aktien noch die bezogenen Dividenden herausverlangen.

II.

Die Klage des Huber auf Zahlung des Mietzinses ist abzuweisen. Huber sen. hatte seinem 20jährigen Sohn durch die bisherige Gestattung stillschweigend zur Entgegennahme von Mietzinszahlungen Vollmacht erteilt. Diese beruht auf Vertrag. Die Vollmacht gilt Dritten gegenüber solange als bestehend, bis dem Dritten das Erlöschen der Vollmacht angezeigt wird oder dieser das Erlöschen kennt oder kennen muß (§§ 169, 170 BGB.). Die Entscheidung hängt also davon ab, ob dem Wohnlich die Anzeige zugegangen ist, da die Anzeige eine empfangsbedürftige Willenserklärung ist. Durch die Übergabe der Mitteilung an das Söhnchen ist diese noch nicht zugegangen. Das Söhnchen ist nicht Empfangsbote, sondern nur Überbringungsbote des Mitteilenden. Huber sen. hätte also zu beweisen, daß die dem Söhnchen übergebene Mitteilung dem Wohnlich ausgehändigt worden ist. Das gleiche gilt, wenn man auch das Dienstmädchen nur als Erklärungs- nicht als Empfangsbote ansieht. Ist man dagegen der Ansicht, daß das Dienstmädchen zur Empfangnahme von Willenserklärungen für ihre Dienstherrschaft berechtigt ist (es wäre dies Tatfrage), so ist die Mitteilung mit der Übergabe an das Dienstmädchen zugegangen und Wohnlich wäre zur nochmaligen Bezahlung zu verurteilen.

Aufgabe II.

1. Die Klageanträge haben zu lauten:

a) Der Kaufmann Geiger ist schuldig an die Erben des Rentners Straßer 150000 RM. Restkaufpreis zu zahlen (Klage aus dem Kaufvertrag!), mit der Bestimmung, daß der Kaufpreis für alle gemeinsam zu hinterlegen ist (§ 2939 BGB.).

b) Der Kaufmann Geiger ist zur Duldung der Zwangsvollstreckung in das bezeichnete Grundstück zu verurteilen (Klage aus der Hypothek!).

2. Für beide Klagen ist das Landgericht sachlich zuständig (§§ 71, 23 GVG.). Örtlich zuständig ist für die Hypothekenklage ausschließlich München (§ 24 ZPO.). Für die Klage aus dem Kauf ist wahlweise Nürnberg oder München zuständig (§§ 13, 29, 25 ZPO.).

3. Die Widerklage ist statthaft, da der nach § 33 ZPO. verlangte Zusammenhang gegeben ist.

4. Folgt man der Vertragstheorie, so hat der Antrag auf Verurteilung zur Einwilligung in die Wandlung zu lauten. Folgt man der Restitutionstheorie, dann ist der Antrag unmittelbar auf Durchführung der Wandlung, also auf Rückgewähr des Kaufpreises von 350000 RM. gegen Rückgewähr des Hauses zu richten.

5. a) Durch die Mitteilung des RA. Dr. Rumpf an den Beklagten, daß er in Richtung gegen Zölestin das Mandat aufgegeben habe, gilt die Prozeßvollmacht dem Beklagten

gegenüber noch nicht als erloschen. Nach § 87 I ZPO. erlischt im Anwaltsprozeß die Vollmacht erst durch die Anzeige der Bestellung eines anderen Anwaltes. Da aber RA. Dr. Rumpf im Termin ausdrücklich erklärt, daß er nur für Bernhard und Anton auftrete, ist es so, als wenn er in Richtung auf Cölestin überhaupt nicht erschienen wäre. Grundsätzlich kann also gegen Cölestin Versäumnisurteil ergehen (§§ 333, 330 ZPO.). Zu prüfen ist allerdings, ob nicht eine notwendige Streitgenossenschaft im Sinne des § 62 ZPO. vorliegt, so daß er durch die nicht säumigen Streitgenossen vertreten wäre. Im Hinblick auf § 2039 BGB. ist jedoch eine notwendige Streitgenossenschaft zu verneinen (vgl. RG. Bd. 75, 26, ferner Baumbach Anm. zu § 62 ZPO.). Es kann also ein Versäumnisurteil ergehen. Geiger ist aber dennoch zu verurteilen an alle Erben gemeinsam zu leisten (§ 2039 BGB.).

b) In Hinsicht auf die Widerklage kann kein Versäumnisurteil ergehen, weil die Wandlungsklage, um durchzudringen, gegen alle Erben gemeinsam erhoben werden muß und deshalb eine notwendige Streitgenossenschaft nach § 62 ZPO. vorliegt.

6. Geiger ist gegenüber Bernhard und Anton zu verurteilen zur Zahlung des Kaufpreises an die drei Erben (§ 2039 BGB.) und die Zwangsvollstreckung in das Grundstück zu dulden. Die Widerklage ist allen dreien gegenüber als unbegründet abzuweisen.

7. Die Klage ist gegenüber Anton und Bernhard im kontradiktorischen Verfahren, gegenüber Cölestin im Versäumnisverfahren abzuweisen. Der Widerklage ist stattzugeben. Die Kläger sind im kontradiktorischen Verfahren zu verurteilen in die Wandlung einzuwilligen und den bereits empfangenen Kaufpreis in Höhe von 350000 RM. Zug um Zug gegen Rückgabe des Hauses zurückzuzahlen.

Aufgabe III.

I.

Der Bauer Schranz macht sich schuldig eines Vergehens der aktiven Bestechung nach § 333 RStGB., ferner eines Verbrechens des schweren Diebstahls nach §§ 242, 243 Nr. 2

u. 7 RStGB. Beide Straftaten stehen in Realkonkurrenz (§ 74 RStGB.).

Der Wachtmeister Georg Frei steht als Angestellter einer Gemeinde im mittelbaren Dienste des Staates, so daß er Beamter im Sinne des § 359 RStGB. ist. Durch das Einsteigen in die Wohnung, das Erbrechen des Schrankes und der Kommode, sowie das Wegnehmen der verschiedenen Gegenstände, ausgeführt zur Nachtzeit, erfüllt Schranz den Tatbestand des § 243 Nr. 2 u. 7 RStGB. Mundraub nach § 370 Nr. 5 RStGB. liegt nicht vor, da Schranz außer den Nahrungsmitteln auch andere Gegenstände entwendet hat (Ebermeyer Anm. 6 zu § 370 RStGB.). Schranz erfüllt durch das Einsteigen und Erbrechen des Schrankes usw. den Tatbestand des Hausfriedensbruches und der Sachbeschädigung. Allein, da diese Tatbestandsmerkmale notwendigerweise zum Tatbestand des Einbruchdiebstahls gehören, wird der Hausfriedensbruch und die Sachbeschädigung durch diesen konsumiert. Es liegt Gesetzeskonkurrenz vor.

Beck ist straflos. In seinem Anerbieten kann keine Beihilfe gesehen werden, da Schranz aus dem Anerbieten für seine Tat keinerlei Nutzen ziehen konnte. Auch liegt kein Erbieten im Sinne des § 49a RStGB. vor, weil der von ihm verlangte Vorteil erst durch das Verbrechen erlangt werden sollte (Ebermeyer Anm. 8b zu § 49a RStGB.).

Frei macht sich schuldig eines Verbrechens der erschwerten passiven Bestechung nach § 332 RStGB., sowie eines Verbrechens der Beihilfe zu einem Verbrechen des schweren Diebstahls (§§ 242, 243 Nr. 2 u. 7, 49 RStGB.). Das Geld nimmt er dafür an, daß er pflichtwidrig den Schranz von seinem Verbrechen nicht abhält. In dem Weggehen und Gewährenlassen des Schranz liegt zugleich eine sogenannte negative Beihilfe, da Frei ja gerade zu dem Zwecke aufgestellt war, etwa geplante Diebstähle zu vereiteln. Damit Frei wegen Beihilfe zum schweren Diebstahl bestraft werden kann, ist allerdings notwendig, daß Frei gewußt hat, daß Schranz dieses Verbrechen ausführen wollte. Er muß also den Vorsatz haben Beihilfe zu einem schweren Diebstahl zu leisten. Dieser Vorsatz liegt nach dem ganzen Sachverhalt zweifelsohne vor, zum mindesten als dolus eventualis. Beide Verbrechen stehen in Realkonkurrenz (§ 74 RStGB.), da durch die Hinnahme des Geldes nicht auch schon die Beihilfe geleistet ist, sondern erst durch das Weggehen und Nichtabhalten.

Speck macht sich eines Vergehens der Hehlerei schuldig (§ 259 RStGB.). Er mußte nach den ganzen Umständen annehmen, daß die von ihm gekauften und dann verheimlichten Sachen durch eine strafbare Handlung erlangt waren. Die Sachen hat er seines Vorteils wegen an sich gebracht. Zu bemerken ist hier noch, daß Schranz dadurch, daß er dem Speck die Waren anbietet, nicht etwa einer Anstiftung zur Hehlerei sich schuldig macht. Dieses Anerbieten ist vielmehr straflose Nachtat zu seinem Einbruchdiebstahl.

II.

Eine neuerliche Strafverfolgung ist unzulässig. Sowohl Ankauf wie Verheimlichung sind Tatbestandsmerkmale des § 259 RStGB., so daß nur eine Straftat vorliegt. Ist wegen dieser Tat ein freisprechendes Urteil ergangen und dieses rechtskräftig, dann ist wegen der gleichen Sache eine neuerliche Anklage nicht mehr möglich. Ne bis in idem!

Ordentliche Universitätsschlußprüfung 1924.

Aufgabe I.

A.

Die Eheleute Schwimmer leben im gesetzlichen Güterstand der Verwaltung und Nutznießung des Mannes. Die schon vor der Ehe vorhandenen $^5/_6$ des Weinlagers sind nach § 1363 BGB. eingebrachtes Gut geworden. Das während der Ehe erworbene $^1/_6$ ist nach § 1367 BGB. Vorbehaltsgut. Dritten gegenüber gilt aber das ganze Weinlager als eingebrachtes Gut der Frau, da nach §§ 1371, 1431, 1435 BGB. die Vorbehaltsgutseigenschaft Dritten gegenüber von der Eintragung ins Güterrechtsregister abhängig ist. Der Mann konnte also über das gesamte Weinlager verfügen (gem. §§ 1376, 92 II BGB.). Der Übergang des Eigentums erfolgte in der Form des § 931 BGB. Nach § 929 BGB. und § 930 BGB. ist die Übergabe ausgeschlossen, da der Mann den dazu nötigen Besitz nie erworben hatte (siehe Sachverhalt: „er kümmerte sich nie darum"). Zwar ist der Mann nicht Eigentümer, wie es § 931 BGB. verlangt, er ist aber nach § 1376 BGB. verfügungsberechtigt wie ein Eigentümer. Dieser Eigentumsübertragung steht § 1408 BGB. nicht entgegen, da der Mann nicht ein Recht, das ihm auf Grund der Nutznießungs- und Verwaltungsgemeinschaft zusteht, überträgt, sondern nur von dem ihm nach § 1376 BGB. zustehenden Verfügungsrecht Gebrauch macht. Auch § 1377 BGB. bildet kein Hindernis, da er nur das Innenverhältnis regelt.

B.

Der von der 17jährigen Ehefrau des Bauern Adam Kleinschnitz mit dem Geflügelhändler Bärtlein abgeschlossene Vertrag ist ein im Rahmen der Schlüsselgewalt der Frau vorgenommenes Rechtsgeschäft (§ 1367 BGB.). Die Frau handelt nicht im eigenen Namen, sondern als Vertreterin des Mannes. Zur Gültigkeit des Vertrages ist es unbeachtlich, daß die Frau erst 17 Jahre alt ist (§ 165 BGB.). Eine Haftung des

Mannes wäre möglich aus Delikt oder aus Vertrag. Deliktshaftung scheidet aus. Die Frau ist nicht Verrichtungsgehilfin im Sinne des § 831 BGB. Ihre Vertretungsbefugnis beruht auf der ihr durch Gesetz gewährten Rechtsstellung. Von einer Aufsichtspflicht des Mannes über seine Frau nach § 832 BGB. kann auch nicht die Rede sein.

Der Mann haftet aber aus Vertrag wegen positiver Vertragsverletzung für den vollen Schaden, der dem Geflügelhändler entstanden ist. Die Frau ist Erfüllungsgehilfin ihres Mannes. Sie handelt objektiv fahrlässig im Sinne des § 276 I BGB. Da sie aber noch minderjährig ist, gilt sie nach § 276 I 3 BGB. nur dann als fahrlässig, wenn ihr auch subjektives Verschulden zur Last gelegt werden kann. Ein solches kann aber aus dem Tatbestand nicht angenommen werden. Das Ergebnis ist, daß die Frau nicht fahrlässig handelt. Bei strenger Auslegung des § 278 BGB. wäre, da die Frau kein Verschulden trifft, eine Haftung des Mannes nicht gegeben. Dies kann aber nicht der Sinn des Gesetzes sein. Der § 278 BGB. ist vielmehr weit auszulegen. Darnach muß das objektive Verhalten des Erfüllungsgehilfen wie eigenes Handeln des Geschäftsherrn angesehen werden, d. h. es wird in diesen Fällen aus Billigkeitsgründen eine Haftung des Geschäftsherrn (analog §§ 827, 828, 829 BGB.) auch dann angenommen werden müssen, wenn wegen Fehlens des subjektiven Momentes ein Verschulden des Gehilfen nicht gegeben ist. (Vgl. in diesem Zusammenhang § 165 BGB., wo der gleiche Gedanke, wenn auch in anderer Richtung indirekt zum Ausdruck kommt.)

Aufgabe II.

I.

Die Klage ist im Versäumnisverfahren durch Endurteil als unbegründet abzuweisen, da das Vorbringen des Klägers den Klagantrag nicht rechtfertigen kann. Das Urteil ist ein unechtes Versäumnisurteil.

Durch die Mahnung vom 19. April hat K den B in Verzug gesetzt. Der von K geltend gemachte Schaden ist kein Verzugsschaden im Sinne des § 286 I BGB., sondern ein Schadensersatzanspruch wegen Nichterfüllung, weil im Hinblick auf den

Deckungskauf K zum Ausdruck bringt, daß er an der Leistung infolge des Verzuges kein Interesse mehr hat. Zur Begründetheit dieses Schadensersatzes ist jedoch nach § 326 BGB. notwendig, daß dem im Verzug befindlichen Schuldner vom Gläubiger zur Bewirkung der Leistung eine angemessene Frist mit der Erklärung gesetzt wird, daß nach Fristablauf die Leistung abgelehnt werde. Die Fristsetzung hat K nicht behauptet. Sein Vorbringen rechtfertigt also insoweit seinen Klageantrag nicht.

II.

1. Die Entscheidung des Gerichts erfolgt entweder durch Zwischenurteil nach § 303 ZPO. oder in den Gründen des Endurteils. In beiden Fällen ist die Entscheidung unanfechtbar (§ 270 ZPO.).

2. Für die Frage, auf welchen Eid zu erkennen ist, ist entscheidend die Beweislast. Beweispflichtig für das Vorbringen der Fristsetzung ist K. Die Eideszuschiebung des B an K ist daher vollkommen unbeachtlich (§ 447 ZPO.). B könnte den Eid höchstens zurückschieben, nicht aber in der Fassung, daß er (der B) keinen Brief erhalten habe, da dies keine Wahrnehmung des K im Sinne der §§ 448, 445 ZPO. ist. Die Eideszuschiebung des K an B ist ungenau. Es kommt nämlich nicht auf die Fristsetzung, sondern auf den Empfang des die Fristsetzung enthaltenden Briefes durch B an. Das Gericht hat also nach § 139 ZPO. für entsprechende Klärung zu sorgen.

Auf die Leistung des Eides ist durch bedingtes Endurteil zu erkennen (§ 460 I ZPO.).

3. Das Gericht kann von sich aus die Frage der Angemessenheit der Frist prüfen, ohne daß von einer Partei Beweis angetreten ist. Bei der Frage der Angemessenheit handelt es sich nicht um eine Tatsache, sondern um ein Werturteil. Diese Prüfung fällt unter die freie Beweiswürdigung des Gerichtes. Zu seiner Unterstützung kann das Gericht nach §§ 144 und 402 ZPO. einen Sachverständigenbeweis anordnen. Im Hinblick auf § 445 ZPO. ist über die Frage der Angemessenheit oder Unangemessenheit der gesetzten Frist eine Eideszuschiebung ausgeschlossen.

4. Selbst wenn das Gericht die Überzeugung erlangt hat, daß die Frist nicht angemessen sei, kommt es auf den Eid über die Tatsache der Fristsetzung noch an. Denn durch das Setzen einer unangemessenen Frist wird nach herrschender Meinung zugleich eine angemessene in Lauf gesetzt (vgl. RG. Bd. 56, 231 ff.). Das Gericht hat daher durch bedingtes Endurteil auf die Leistung des Eides zu erkennen (§§ 460, 462 ZPO.).

Aufgabe III.

I.

1. Ziegler macht sich schuldig eines Verbrechens der passiven Bestechung nach § 332 RStGB. Beamteneigenschaft nach § 359 RStGB. ist gegeben. Mit der Annahme der Eier ist die Tat vollendet, unabhängig davon, daß er später die pflichtwidrige Handlung nicht vornimmt. Eines Verbrechens nach § 346 RStGB. macht sich Ziegler nicht schuldig. Es mag schon zweifelhaft sein, ob er überhaupt mit der Ausführung begonnen hat, was nicht anzunehmen ist, wenn das Liegenlassen der Anzeige bis zum nächsten Tag dem ordnungsmäßigen Geschäftsgang entsprach. Hätte jedoch die Anzeige noch an demselben Tag weitergegeben werden müssen, dann hat Ziegler mit der Ausführung bereits begonnen. Durch das Weitergeben der Anzeige tritt er jedoch von der noch im Stadium des Versuch liegenden Straftat zurück. Daher Straflosigkeit nach § 46 Nr. 1 RStGB. Die Verwendung der Eier in seinem Haushalt ist straflose Nachtat zu dem Verbrechen der passiven Bestechung.

Zens macht sich schuldig eines Vergehens nach § 292 RStGB., sowie eines sachlich damit zusammenhängenden Vergehens der aktiven Bestechung nach § 333 RStGB., § 74 RStGB. Bei Vorliegen eines Verbrechens nach §§ 346, 43 RStGB. bei Ziegler macht sich Zens weiterhin einer Anstiftung zu §§ 346, 43 RStGB. schuldig. Der Rücktritt des Ziegler wirkt nur für diesen und kommt Zens nicht zugute. Dieses Verbrechen steht mit dem Vergehen der aktiven Bestechung in Idealkonkurrenz (§ 73 RStGB.).

2. Ziegler macht sich schuldig eines Vergehens der passiven Bestechung nach § 331 RStGB. Seine Handlung ist nicht

pflichtwidrig, da er das Gesuch mit gutem Gewissen befürworten konnte. Die Tatbestandsmerkmale der Nötigung durch Amtsmißbrauch können aus dem Sachverhalt nicht herausgelesen werden.

Spengler ist straflos. § 333 RStGB. kommt mangels einer pflichtwidrigen Handlung nicht in Frage. Anstiftung zu § 331 RStGB. liegt ebenfalls nicht vor, da ein Fall der sogenannten notwendigen Teilnahme gegeben ist (vgl. Ebermeyer Anm. 18 zu § 331 RStGB.).

3. Ziegler macht sich schuldig eines Vergehens der Falschbeurkundung nach § 348 I RStGB. in Tateinheit mit einem Vergehen nach § 169, § 73 RStGB. Die gewinnsüchtige Absicht ist zu verneinen, da wohl die Absicht bestand, einem andern einen Vorteil zu verschaffen, dieser Vorteil aber nicht auf wirtschaftlichem, sondern auf gesellschaftlichem Gebiete liegt. § 349 RStGB. kommt daher nicht zur Anwendung, ebensowenig die schwere Strafdrohung des § 169 RStGB. Die Bemerkung im Sachverhalt, Ziegler habe von Schlecht schon manchen Vermögensvorteil genossen, ist unbeachtlich, besonders kann daraus nicht eine passive Bestechung gefolgert werden. Der Vermögensvorteil darf nicht früher schon aus einem andern Anlaß gewährt worden sein, er muß vielmehr zur Vornahme gerade der in Frage stehenden Handlung (hier die Falschbeurkundung) versprochen oder gewährt werden.

Schlecht macht sich eines Vergehens der Anstiftung zu einem Vergehen nach §§ 348 I, 169, 73 RStGB. schuldig. Wenn § 348 RStGB. auch ein reines Beamtendelikt ist, d. h. nur von einem Beamten begangen werden kann, so ist doch Anstiftung zu einem solchen möglich, da eben jeder, der den Anlaß zu einer strafbaren Handlung gibt, aus dieser auch haften soll. § 172 RStGB. kommt nicht zur Anwendung, da hiezu wegen dieses Ehebruchs die Ehe geschieden sein müßte. Im übrigen wäre auch noch ein Antrag notwendig.

4. Die Agnes Brunn macht sich schuldig eines Verbrechens der schweren intellektuellen Urkundenfälschung in Tateinheit mit einem Vergehen des versuchten Betruges (§§ 271, 272, 263, 43, 73 RStGB.). Durch die Angabe, ihr Kind sei später verstorben als ihr Schwiegervater, bewirkt die Witwe Brunn,

daß Ziegler eine falsche Beurkundung im Sinne des § 271 RStGB. vornimmt. Dies ist in gewinnsüchtiger Absicht geschehen (§ 272 StGB.). Gleichzeitig ist diese falsche Anmeldung ein Vorspiegeln falscher Tatsachen nach § 263 RStGB., durch welche der Erbe und das Nachlaßgericht in einen Irrtum versetzt werden sollte. Durch diesen Irrtum veranlaßt, sollte der Brunn die Erbschaft zugesprochen und der richtige Erbe um die Erbschaft gebracht werden. Durch die Entdeckung des wahren Sachverhaltes wurde der Erfolg verhindert. Es liegt daher nur Versuch vor.

Ziegler ist straflos, da er in gutem Glauben gehandelt hat. Er war nur ein Werkzeug für die Brunn.

II.

1. Die Verlesung der Auszüge aus dem Geburts- und Sterberegister ist nach § 249 RStPO. möglich, da es sich um Urkunden handelt, die als Beweismittel dienen.

2. Der Brief des Apothekers Schwarz durfte nicht verlesen werden. Schwarz mußte vielmehr in der Hauptverhandlung als Zeuge vernommen werden (§ 250 RStPO.).

3. Da der Zeuge Franz Gorter bereits im Ermittlungsverfahren, also vor Eröffnung des Hauptverfahrens, vernommen wurde, ist die Verlesung des Protokolles nur möglich, wenn die Vernehmung unter Beobachtung der Vorschriften des § 193 RStPO. erfolgt ist (§ 251 II RStPO.). Ist dies nicht der Fall, dann war die Verhandlung bis zur Gesundung des Zeugen auszusetzen oder seine kommissarische Vernehmung anzuordnen.

Außerordentliche Universitätsschlußprüfung 1924.

Aufgabe I.

Die gegründete Gesellschaft ist eine solche des bürgerlichen Rechts (§§ 705ff. BGB.). Zur Führung der Geschäfte ist nach dem Gesellschaftsvertrage Fröhlich allein berechtigt (§ 710 BGB.). Das gekaufte Cello wird gemeinschaftliches Vermögen [Gesellschaftsvermögen] (§ 718 II BGB.).

1. Fröhlich ist im Recht. Der Wirt kann nur seine Forderung für Saalmiete und Beleuchtung in Abzug bringen. Für Logis und Verköstigung stehen ihm nur Forderungen gegen die einzelnen Gesellschafter zu, mit denen er nach § 719 II BGB. nicht aufrechnen kann.

2. Durch die Erklärung des Bronizki, er habe von der Gesellschaft nichts mehr zu verlangen, da er an Wolf 100 Mark verloren habe, wollte er zum Ausdruck bringen, daß er seine Spielschuld dem Wolf gegenüber tilgen wolle. In dieser Erklärung liegt keine Zession, weil hiezu ein Vertrag zwischen Bronizki und Wolf nötig wäre (§§ 398ff. BGB.). Desgleichen kann darin keine Zahlungsanweisung im Sinne der §§ 783ff. BGB. erblickt werden, weil hiezu eine Urkunde erforderlich wäre. Es kann sich vielmehr nur um einen Auftrag handeln, die Spielschuld des Bronizki an Wolf zu zahlen. Nimmt Fröhlich, als Geschäftsführer der Gesellschaft, den Auftrag an, dann ist dies eine Vereinbarung im Sinne des § 415 BGB., die, um als Schuldübernahme dem Wolf gegenüber wirksam zu sein, der Genehmigung desselben bedarf. Fröhlich kann dem Bronizki sein Honorar nicht vorenthalten, da Bronizki nur Schuldner des Wolf, nicht aber der Gesellschaft ist. Anders natürlich, wenn die Zustimmung des Wolf zur Schuldübernahme vorliegt.

Verweigert Fröhlich die Zahlung an Bronizki, so kann Wolf Zahlung an sich nur verlangen, wenn durch seine Genehmigung eine wirksame Schuldübernahme vorliegt. Wolf kann seine Klage allerdings nicht auf Spielschuld stützen, sondern auf ungerechtfertigte Bereicherung (§ 812 BGB., vgl. § 667 BGB.).

Durch die fahrlässige Beschädigung macht sich Wolf der Gesellschaft schadensersatzpflichtig. Diese Schadensersatzforderung in Höhe von 100 Mark kann Fröhlich als Geschäftsführer der Gesellschaft gegen die Forderung des Wolf aufrechnen (§ 719 II BGB.).

3. Nach § 708 BGB. haftet der Gesellschafter bei Erfüllung seiner Gesellschaftsverpflichtungen für culpa in concreto. Diese umfaßt nach § 277 BGB. auch grobe Fahrlässigkeit. Daß sein Verhalten grob-fahrlässig ist, unterliegt keinem Zweifel. Auch seine übrigen Einwendungen sind unbeachtlich. Wolf ist daher zum Ersatz von 1500 Mark verpflichtet.

4. Der Gewinner erwirbt das Eigentum an dem Cello nach § 932 BGB. § 935 BGB. findet keine Anwendung. Die Sache ist nicht gestohlen, auch nicht sonst abhanden gekommen im Sinne des § 935 BGB. Die Gesellschaft kann gegen den Verlust ihres Eigentums nichts machen. Zu denken wäre höchstens an § 816 BGB. Allein der Gewinner hat das Eigentum nicht unentgeltlich erworben, da ihm gegen Wolf eine, wenn auch nicht klagbare, so doch erfüllbare Forderung zustand.

5. Die Einwendung des Wolf ist unrichtig, da er durch sein die Gesellschaftsinteressen schädigendes Verhalten den übrigen Gesellschaftern einen wichtigen Grund zur Kündigung gegeben hat (§ 723 BGB.).

6. Ein Gläubiger kann die Gesellschaft nur nach Maßgabe des § 725 BGB. kündigen.

7. Für die Rückgabe des Cello haften die Gesellschafter als Gesamtschuldner. Nach § 275 BGB. werden sie von dieser Verpflichtung frei, soweit sie ein Verschulden für ihr nachträgliches Unvermögen nicht trifft. Dies gilt für alle außer Wolf. Aus dem Gesamtschuldverhältnis kann eine Haftung der andern nicht hergeleitet werden, da diese durch § 425 BGB. ausgeschlossen ist. Sie haften aber dennoch, da sie sich des Wolf als Erfüllungsgehilfen bedienten (§ 278 BGB.).

Aufgabe II.

I.

1. Der Streitwert beträgt in Ansehung der Zuständigkeit 284 Mark plus 240 Mark mal 12,5 ist gleich 3284 Mark (§§ 5, 9

ZPO.); in Ansehung der Gerichtskosten 284 Mark plus 240 Mark ist gleich 524 Mark (§§ 9, 10 II GKG. mit § 5 ZPO.).

2. Nach § 23 II GVG. ist sachlich das Amtsgericht zuständig.

3. In München kann nicht geklagt werden. Außerehelicher Beischlaf ist keine unerlaubte Handlung. Daher nicht § 32 ZPO.

4. Das an sich unzuständige Gericht hat in der Sache selbst zu entscheiden, da das Verhalten des Beklagten ohne Rügen der Unzuständigkeit als stillschweigende Vereinbarung im Sinne des § 38 ZPO. anzusehen ist und es sich um einen vermögensrechtlichen Anspruch handelt (§§ 39f. ZPO.).

5. Auf künftige Leistung kann schon jetzt geklagt werden (§ 258 ZPO.).

6. Die Mutter darf nur im Namen ihres Sohnes klagen, wenn sie gemäß § 1778 III BGB. zur Vormünderin bestellt ist (§ 1707 BGB.).

II.

1. Ausgesetzt kann nicht werden, da beide Ansprüche auf dem gleichen Rechtsgrund (Beischlaf) beruhen, also im Sinne des § 148 ZPO. nicht präjudiziell sind.

2. Eine Verbindung ist möglich (§§ 60, 147 ZPO.).

III.

1. Der Beklagte kann Widerklage auf Feststellung erheben, daß er nicht Vater sei. Ein rechtliches Interesse braucht er nicht darzutun (§ 280 ZPO.).

2. a) und b) In beiden Fällen trifft die Klägerin die Beweislast, da von dem Beklagten der Klagegrund (Beiwohnung während der Empfängniszeit) bestritten wird.

c) Für die Tatsache, daß die Mutter während der Empfängniszeit mit anderen Männern verkehrt habe, trifft den Beklagten die Beweislast, da es sich hier nicht um Leugnung des Klagegrundes, sondern um eine Einrede handelt, die der zu beweisen hat, der sie geltend macht.

3. In dieser Form kann der Eid nicht zugeschoben werden, da das Beweisthema nicht genau bezeichnet ist (§ 451 ZPO.). Ein Ausforschungseid ist unzulässig.

4. a) Die Klägerin Huber kann nicht als Zeugin benannt werden, da sie Partei ist. Zeuge kann nur ein Dritter sein.

b) Eideszuschiebung ist möglich (§ 445 ZPO.).

c) Eine Zuschiebung an den Vormund ist nicht möglich, da es sich um eine fremde Handlung handelt und nicht um eine solche des Gegners (des Kindes) und diese Handlung auch nicht Gegenstand seiner Wahrnehmung sein konnte (§ 445 ZPO.).

d) Eine Benennung des Meindel als Zeuge ist möglich (§ 373 ZPO.). Zur Aussage kann er jedoch nicht gezwungen werden (§ 384 Nr. 2 ZPO.) (Unehre!).

5. Es liegt keine notwendige Streitgenossenschaft nach § 62 ZPO. vor, sondern eine gewöhnliche nach § 59 ZPO. Ein Versäumnisurteil kann daher ergehen, weil bei der einfachen Streitgenossenschaft des § 59 ZPO. der säumige Streitgenosse durch den nichtsäumigen nicht vertreten wird.

Aufgabe III.

I.

Der Wirt Witthaber macht sich einer Unterschlagung schuldig (§ 246 RStGB.). Gleichgültig ist hiebei, ob der Wirt die Sache bereits vor dem 11. Mai oder erst nachher veräußert hat. Geschieht die Veräußerung erst nachher, dann liegt eben in der Ableugnung des Besitzes die Aneignung. Die Ausrede mit der Polizei ist eine straflose Nachtat.

II.

1. Rößmeier macht sich schuldig eines Vergehens der Amtsanmaßung im rechtlichen Zusammenhang mit einer Übertretung des unbefugten Tragens einer Amtskleidung, sowie eines Vergehens des Betrugs (§§ 132, 360 Nr. 8, 263, 73 RStGB.).

Rößmeier trat in der Eigenschaft eines Polizeibeamten auf und nahm eine in die Obliegenheiten eines solchen fallende Handlung vor (§§ 94 II, 161 RStPO.).

Die Tatbestandsmerkmale des Betrugs sind alle erfüllt. Rößmeier erregt durch die Vorspiegelung falscher Tatsachen (Ausgeben als Polizeibeamter) bei dem Wirt einen Irrtum, auf Grund dessen der Wirt die ihm in Verwahrung gegebenen Sachen unter Umständen hergibt, die für ihn eine Vermögensgefährdung bedeuten.

Zwar war der Wirt zur Herausgabe der Sachen an Rößmeier verpflichtet. Er brauchte dies aber nur gegen Aushändigung einer Quittung zu tun (§ 368 BGB.). Durch seine Vorspiegelung hat es Rößmeier fertig gebracht, die Sachen zu erhalten, ohne eine Quittung ausstellen zu müssen. Dies deshalb, weil der Wirt der Meinung war, die Sachen an einen Polizeibeamten und nicht an Rößmeier herausgegeben zu haben. In dem Falle also, daß Rößmeier in seiner wahren Person die Sachen herausverlangt, könnte der Wirt nicht geltend machen, er habe ihn bereits befriedigt. Er kann nur einwenden, die Polizei habe die Sachen beschlagnahmt. Dem gegenüber könnte Rößmeier geltend machen, der Wirt sei einem Schwindler zum Opfer gefallen. Gelingt dem Wirt nun der Nachweis nicht, daß der falsche Polizeibeamte Rößmeier selber war, dann muß er Rößmeier Schadensersatz leisten. In dieser Umkehrung der Beweislast ist, wenn man noch bedenkt, daß für den Wirt der Beweis sehr schwer zu führen ist, die Vermögensgefährdung zu sehen, die bereits so stark ist, daß man von einer Vermögensbeschädigung reden kann. Vgl. Ebermeyer Anm. 6c zu § 263 RStGB.

Ob sich Rößmeier durch die Ausstellung der Empfangsbescheinigung einer Urkundenfälschung schuldig gemacht hat, ist zweifelhaft. Es hängt dies davon ab, ob Rößmeier durch die unleserliche Unterschrift mit dem Zusatz „Kriminalwachtmeister" nur über seine Person täuschen oder auch den Anschein erwecken wollte, als sei die Bescheinigung von dem Kriminalwachtmeister ausgestellt, der mit dieser unleserlichen Unterschrift zeichnet. Ein unleserlicher Namenszug schließt das Vorliegen einer Urkundenfälschung nicht ohne weiteres aus, sie wird aber zu verneinen sein, wenn der Aussteller die Unterschrift absichtlich so unleserlich schreibt, daß sie niemand entziffern kann (RG. Bd. 41, 425). Im vorliegenden Falle ist kaum anzunehmen, daß er den Verdacht auf einen bestimmten Beamten lenken wollte, er wollte vielmehr nur über seine wahre Person täuschen. Nimmt man aber dennoch Urkundenfälschung an, dann liegt schwere Urkundenfälschung nach §§ 267, 268 RStGB. vor. Ob es sich dabei um eine öffentliche oder private Urkunde handelt, hängt davon ab, ob nach bestehender Vorschrift nur durch Hinzufügen eines Stempels einer solchen Empfangsbescheinigung die Eigenschaft einer öffentlichen Urkunde verliehen wird oder nicht. Auf jeden Fall liegt eine zum Beweis von Rechten oder Rechtsverhältnissen erhebliche Privaturkunde vor.

Mit all diesen begangenen Taten steht im sachlichen Zusammenhang je ein Vergehen der falschen Anschuldigung nach § 164 RStGB. und der verleumderischen Beleidigung nach § 187 RStGB. Beide letztere Vergehen stehen unter sich in Idealkonkurrenz (§ 73 RStGB.).

2. Gegen die Einleitung des Verfahrens gegen sich kann Rößmeier nur für den Fall etwas unternehmen, daß das auf Grund seiner Anzeige gegen den Wirt eingeleitete Verfahren noch anhängig ist (§ 164 II RStGB.). Diese Einwendungen kann er nach § 201 RStPO. erheben.

Gegen den ablehnenden Bescheid seiner Anzeige hat Rößmeier, da er (unter der Voraussetzung der Richtigkeit) durch die Tat des Witthaber verletzt ist, die Beschwerde nach § 172 RStGB.

Juristische Universitätsschlußprüfung 1924/25.

Aufgabe I.

Der Vertrag zwischen Grün und Weiß ist ein Werklieferungsvertrag (§ 651 BGB.). Eine Vergütung gilt nach § 652 BGB. als stillschweigend vereinbart. Das Recht die Höhe der Vergütung zu bestimmen steht dem Weiß zu (§ 316 BGB.). Die Bestimmung erfolgt durch Erklärung gegenüber dem Grün (§ 315 II BGB.). Durch die Zusendung der Rechnung ist diese vorgenommen. Die nachträgliche einseitige Erhöhung des Preises ist unzulässig, da dies nur auf vertraglichem Wege geschehen könnte (§ 305 BGB.).

Durch den Vertrag vom 1. Sept. erwirbt Silberstein die Forderung des Weiß gegen den Grün. Allerdings nur, soweit sie besteht, d. h. in Höhe von 150 Mark (§ 398 Satz 2; vgl. § 404 BGB.). Durch Vertrag vom 1. Okt. zwischen Weiß und Goldberg konnte eine wirksame Abtretung der Forderung nicht vorgenommen werden. Dem Weiß stand die Forderung nicht mehr zu. Der gute Glaube des Goldberg ist unbeachtlich, da die Wirksamkeit der Verfügung eines Nichtberechtigten von der Genehmigung des Berechtigten abhängt (§ 185 BGB.). Goldberg kann, da Weiß gemäß § 437 BGB. für den rechtlichen Bestand der Forderung haftet, sich an diesen halten (§ 440 I BGB.). Durch die Zahlung des Grün an Goldberg wird Grün frei (§ 408 BGB.). Silberstein kann von Grün nichts mehr verlangen, hat allerdings gegen Goldberg einen Anspruch aus § 816 II BGB.

Der Bürgschaftsvertrag zwischen Silberstein und Misch ist gültig. Unkenntnis des Schuldners ist unbeachtlich, da er nicht Beteiligter des Bürgschaftsvertrages ist. Durch die Zahlung der 3000 Mark an Silberstein ging die Forderung in ihrer ganzen Höhe auf Misch über.

A.

1. Die von Silberstein in Höhe von 180 Mark angemeldete Forderung besteht nicht. Einmal würde sie nach dem oben

Ausgeführten nur 150 Mark betragen, zum andern ist sie durch die Zahlung des Grün an Goldberg erloschen.

2. Die von Misch angemeldete Forderung in Höhe von 3000 Mark besteht zu Recht. Durch die Zahlung des Misch an Silberstein ist die Forderung des Silberstein gegen Grün auf ihn als zahlenden Bürgen übergegangen (§ 774 BGB.).

B.

Der Konkursverwalter kann die von Grün an Goldberg gezahlten 150 Mark nicht zurückverlangen, da Grün durch die Leistung befreit ist. Es hat lediglich Silberstein einen Anspruch gegen Goldberg nach § 816 II BGB., da Goldberg nicht auf Kosten des Grün, sondern auf Kosten des Silberstein bereichert ist. Die Bezugnahme auf §§ 409 und 410 BGB. ist unbeachtlich.

Aufgabe II.

1. a) Das Vorbringen des Beklagten, Nagel hätte als Hauptintervenient auftreten müssen, ist unrichtig. Durch die Pfändung der Forderung ist Nagel Pfändungsgläubiger geworden. Als solcher hat er ein rechtliches Interesse an dem Obsiegen des Klägers, da er nur dann die Forderung einziehen kann, wenn sie tatsächlich besteht. Durch die Pfändung ist Nagel Rechtsnachfolger des Klägers geworden. Da aber die Pfändung während des Prozesses erfolgte, hat sie auf den Verlauf desselben keinen Einfluß. Nagel kann nur mit Zustimmung des Gegners in den Rechtsstreit als Hauptintervenient eintreten (§ 265 ZPO.). Er muß dies allerdings nicht, hat vielmehr die Möglichkeit als Nebenintervenient aufzutreten (§ 66 ZPO.). Als solcher hat er die Rechte aus § 67 ZPO. Er ist insbesondere befugt alle Prozeßhandlungen wirksam vorzunehmen, soweit er sich nicht dadurch in Widerspruch mit der Partei setzt. Nicht berechtigt war er daher, den Betrag der Klageforderung zu ermäßigen, konnte dagegen die behauptete Zahlung bestreiten und den zugeschobenen Eid dem Beklagten zurückschieben. Desgleichen konnte er seine im Termin nicht erschienene Hauptpartei vertreten, da die Wahrnehmung eines Termins eine Prozeßhandlung im Sinne des § 67 ZPO. ist.

b) Über den Antrag auf Zurückweisung der Nebenintervention kann das Gericht nach vorgängiger mündlicher Verhandlung durch Zwischenurteil entscheiden (§§ 303, 71 ZPO.). Der Antrag des Beklagten ist zurückzuweisen. Ein Zwischenurteil ist allerdings nicht unbedingt nötig, die Entscheidung kann auch in der Begründung des Endurteils zum Ausdruck gebracht werden. Da, wie festgestellt, Kläger durch den Nebeninterwenienten als vertreten gilt, ist der Antrag auf Erlaß eines Versäumnisurteils zurückzuweisen. Dies geschieht durch Beschluß.

c) Gegen das Zwischenurteil auf Zulassung der Nebenintervention, sowie gegen den ablehnenden Beschluß auf Erlaß des Versäumnisurteils ist das Rechtsmittel der sofortigen Beschwerde gegeben (§§ 71 II, 336 ZPO.).

d) Nagel ist nicht selbst Partei, sondern nur Parteigehilfe. Als solcher kann er als Zeuge vernommen werden. Dagegen ist eine Beeidigung nicht möglich (§ 393 Nr. 4 ZPO.).

2. a) Der Antrag auf Vertagung wurde mit Recht abgelehnt, da in diesem Stadium des Verfahrens ein erheblicher Grund nicht mehr vorlag (§ 227 III ZPO.). Ein Versäumnisurteil kann nicht mehr ergehen. Der Anwalt des Klägers hätte Antrag auf Erlaß des Läuterungsurteils nach § 462 ZPO. stellen sollen, das von Amts wegen für vorläufig vollstreckbar zu erklären ist (§ 708 Nr. 2 ZPO.).

b) Der klägerische Anwalt hat richtig gehandelt. Der Eidestermin war nach § 370 ZPO. zugleich zur Fortsetzung der mündlichen Verhandlung bestimmt. Da der Anwalt des Beklagten nicht erschienen ist, war auf Antrag Versäumnisurteil zu erlassen (§ 331 ZPO.).

c) Versäumnisurteil kann nicht ergehen. Der klägerische Anwalt hätte den Antrag stellen müssen, daß der Eid als verweigert anzusehen ist (§ 465 ZPO.). Dann erst hätte er die Möglichkeit gehabt Versäumnisurteil zu beantragen. Über das weitere Verfahren siehe §§ 465ff. ZPO.

Aufgabe III.

I.

1. Blenk ist schuldig eines versuchten Vergehens der Abtreibung (§§ 218 I, III, 43 RStGB.). Durch das Einnehmen

der Flüssigkeit hat sie bereits mit der Ausführung begonnen. Sie weiß jedoch nicht, daß es sich bei der Flüssigkeit um ein zur Abtreibung völlig ungeeignetes Mittel handelt. Ihre Handlung ist somit ein Abtreibungsversuch mit absolut untauglichem Mittel. Nach der vom Reichsgericht vertretenen subjektiven Theorie ist auch der absolut untaugliche Versuch strafbar. Nach der objektiven Theorie dagegen ist er straflos, da mit einem absolut untauglichen Mittel eine Ausführung überhaupt nicht angefangen werden kann. Ob die Annahme der Blenk, schwanger zu sein, richtig war oder nicht, ändert an dem oben Ausgeführten nichts, da es nach der subj. Theorie einerlei ist, ob die Untauglichkeit des Versuchs im Objekt oder im Mittel begründet ist. Beide können zusammentreffen. Es ist auf die Bestrafung des in dem, wenn auch untauglichen, Versuch zutage tretenden verbrecherischen Willens abgesehen. Nach der obj. Theorie ändert sich gleichfalls nichts, da eine Handlung, der das zum Erfolg erforderliche Objekt fehlt, keine tatsbestandsmäßige Handlung darstellt.

Dr. Kraus macht sich keiner strafbaren Handlung schuldig. Er hat der Blenk ein zu Abtreibung völlig untaugliches Mittel verschafft und dies mit Wissen und Willen getan. Es fehlt sowohl an einem tatbestandsmäßigen Handeln, wie auch am Vorsatz. Er ist daher nicht wegen Beihilfe zu dem von der Blenk begangenen strafbaren Versuch zu bestrafen, weil bei ihm ein verbrecherischer Wille (subj. Theorie) überhaupt nicht vorliegt.

Merz ist ebenfalls straflos. Nach der obj. Theorie schon deshalb, weil er kein Abtreibungsmittel verabreicht hat. Auch nach der subj. Theorie macht er sich nicht strafbar, da er nicht vorsätzlich, auch nicht mit dolus eventualis, sondern höchstens fahrlässig gehandelt hat.

2. Dr. Kraus würde sich in diesem Falle eines Vergehens des Betruges schuldig machen (§ 263 RStGB.). Durch die Worte, es handle sich um ein höchst wirksames Mittel, wird die Blenk über die Beschaffenheit des in dem Rezept angegebenen Mittels in einen Irrtum versetzt, der sie veranlaßt an Dr. Krauß 50 Mark zu bezahlen. Um diesen Betrag ist sie geschädigt, weil sie diesen nur unter der Annahme ein

wirksames Abtreibungsmittel verschrieben erhalten zu haben, hingab. Die Hingabe des für ein Rezept übermäßig hohen Betrages ist nicht Selbstbeschädigung der Blenk, da ihr das verlangte Rezept, sofern richtig, soviel wert gewesen wäre. Dr. Kraus handelt vorsätzlich und in der Absicht, sich einen rechtswidrigen Vermögensvorteil zu verschaffen. Rechtswidrig ist der Vermögensvorteil deshalb, weil er von Dr. Kraus nicht verlangt werden konnte. So das Reichsgericht, anders v. Beling, der Rechtswidrigkeit eines Vermögensvorteils nur annimmt, wenn er im Rechtswege zurückgefordert werden kann (vgl. § 817 II BGB.).

3. Die Blenk ist straflos. Durch das einmalige Einnehmen eines Löffels des wirksamen Abtreibungsmittels hat sie mit der Ausführung der Abtreibung begonnen. Sie hat es aber dann aufgegeben, das Mittel weiter einzunehmen. Darin liegt ein Rücktritt vom unbeendigten Versuch, auf Grund dessen sie straffrei ausgeht (§ 46 Nr. 1 RStGB.). Daß sie von dem weiteren Einnehmen durch den widerlichen Geruch und den hiedurch hervorgerufenen Ekel abgehalten worden ist, hindert nicht die Annahme eines freiwilligen Rücktrittes, da diese nicht als so widerwärtig und als geeignet angesehen werden können (mangels näherer Angaben im Sachverhalt) die Willensfreiheit der Blenk auszuschalten (vgl. Ebermeyer Anm. 3 zu § 46 RStGB.).

Dr. Kraus macht sich schuldig eines Vergehens der Beihilfe zum Versuch der Abtreibung durch die Blenk (§§ 218, 43, 49 RStGB.). § 218 III 2 RStGB. bestraft das Verschaffen von Abtreibungsmitteln zwar als selbständiges Delikt. Voraussetzung hiefür ist aber ein gewerbsmäßiges Verschaffen. Die Gewerbsmäßigkeit ist bei Dr. Kraus mangels näherer Angabe zu verneinen. Er macht sich daher nur einer Beihilfe schuldig. Der Rücktritt der Blenk kommt ihm nicht zugute, da dieser als persönlicher Strafaufhebungsgrund nur für denjenigen wirkt, in dessen Person er vorliegt (§ 50 RStGB.).

Eines Betruges macht sich Dr. Kraus in diesem Falle nicht schuldig. Das Fordern von 50 Mark für das nicht mehr Mühe und Arbeit als jedes andere erfordernde Rezept mag zwar wucherisch sein, der Betrag ist jedoch kein durch betrügerische

Handlungen erlangter Vermögensvorteil, sondern ein freiwillig und bewußt von der Blenk gegebener Mehrbetrag.

4. Blenk macht sich in diesem Fall eines Vergehens der versuchten Abtreibung nach §§ 218 I, 43 RStGB. schuldig. Ein Rücktritt nach § 46 RStGB. kommt bei ihr nicht in Frage, da sie durch außerhalb ihres Willens liegende Umstände an der Vollendung gehindert worden ist.

Dr. Kraus ist straflos. Er händigt der Blenk zwar ein wirksames Abtreibungsmittel aus und leistet ihr dadurch Beihilfe zu der von ihr beabsichtigten Abtreibung. Gleichzeitig aber hat er den Willen, die Vollendung der Tat zu hindern. Er will gleich einem agent provocateur die Überführung der Blenk, nicht aber die Begehung der Tat. Es fehlt ihm aus diesem Grunde am nötigen Gehilfenvorsatz.

II.

Ein gestellter Beweisantrag kann, wie im vorliegenden Falle geschehen, nach § 244 II RStPO. durch Gerichtsbeschluß abgelehnt werden. Die Ablehnung ist jedoch nur aus ganz bestimmten Gründen zulässig. Nach ständiger Rechtsprechung darf sie nur erfolgen, wenn die Beweistatsache offenkundig, für die Entscheidung bedeutungslos ist oder als wahr unterstellt wird oder wenn das Beweismittel unerreichbar, zum Beweise völlig ungeeignet ist oder wenn der Beweisantrag offensichtlich nicht ernst gemeint und nur in Verschleppungsabsicht gestellt wurde. Von diesen Gründen liegt keiner vor. Insbesondere darf das Gericht aus der Tatsache, daß die Mutter von dem ihr nach dem Gesetze zustehenden Zeugnisverweigerungsrecht Gebrauch gemacht hat, irgendwelche Schlüsse für die Richtigkeit oder Unrichtigkeit des Beweisthemas nicht ziehen. Durch die Ablehnung ist die Blenk in ihrer Verteidigung unzulässigerweise beschränkt worden. Die Ablehnung des Beweisantrages ist daher nicht gerechtfertigt. Dies ist nach § 338 Nr. 8 RStPO. ein absoluter Revisionsgrund.

Juristische Universitätsschlußprüfung 1925/26.

Aufgabe I.

1. Der rechtlichen Natur nach liegt ein Werklieferungsvertrag nach § 651 BGB. vor. Durch die Erklärung des Schneiders, er könne den Anzug nur gegen sofortige Bezahlung liefern, bringt er zum Ausdruck, daß er sich an den bisherigen Vertrag nicht halte. Er tut dies, weil ihm bei den schlechten Vermögensverhältnissen des Studenten sein Gegenanspruch gefährdet erscheint. Diese Erklärung ist als Anfechtung im Sinne des § 119 BGB. anzusehen und zwar wegen Irrtums über eine verkehrswesentliche Eigenschaft. Die Kreditwürdigkeit oder Unwürdigkeit gilt nach der Rechtsprechung des RG. (Bd. 66, 385) als verkehrswesentlich. Durch die Erklärung der Anfechtung wird der zwischen dem Studenten und dem Schneider abgeschlossene Vertrag in seinem vollen Umfange ex tunc nichtig (§ 142 BGB.). In der Erklärung des Schneiders liegt zugleich eine neue Vertragsofferte. § 321 BGB. kommt nicht zur Anwendung, da die schlechte Vermögenslage des Studenten bereits bei Abschluß des Vertrages vorhanden war.

2. Durch die Lieferung des Anzuges durch den Schneider am 1. März unter den ursprünglichen Bedingungen lebt nicht etwa der durch die Anfechtung nichtig gewordene Vertrag wieder auf, es kommt vielmehr ein neuer Vertrag zustande.

Welche Rechte stehen nun dem Studenten aus dem Umstande, daß der Rock zu klein ist und dieser Fehler nicht mehr beseitigt werden kann, zu? Der Anzug ist eine nichtvertretbare Sache, so daß die Vorschriften des § 651 I 2 BGB. Anwendung finden. Betrachtet man den Anzug als etwas Ganzes und stellt man sich auf den Standpunkt, daß er eine speziell geschuldete Leistung ist, so trifft § 634 II BGB. zu, wonach — da die Beseitigung des Mangels dann unmöglich ist — der Student das Recht der Wandlung oder Minderung hat und zwar ohne Bestimmung einer Frist. Statt dessen kann der

Student Schadensersatz wegen Nichterfüllung verlangen, da der Schneider den Mangel zu vertreten hat (§ 635 BGB.). Stellt man sich aber auf den Standpunkt, daß die Beseitigung des Mangels (Anfertigung eines neuen Rockes) solange nicht unmöglich ist, als der Schneider von der betreffenden Stoffart noch Stoff hat, dann muß der Student gem. § 634 I BGB. eine angemessene Frist zur Beseitigung des Mangels setzen. Zur Zahlungsverweigerung wäre er in diesem Fall nach § 320 BGB. berechtigt.

Der Student hat sich alle Rechte vorbehalten. Auf seine Mängelansprüche hat er auch nicht durch das Tragen des Anzuges verzichtet. Das Recht der Wandlung hat er allerdings dadurch verwirkt, da ihm eine ordnungsgemäße Rückgabe nicht mehr möglich ist (§§ 467, 351 BGB.).

3. Bis zur Abnahme eines Werkes trägt der Unternehmer die Gefahr (§ 644 I 1 BGB.). Es ist nun fraglich, ob auf Grund des gegebenen Sachverhaltes eine Abnahme des Anzuges durch den Studenten anzunehmen ist oder nicht. Im ersteren Fall trägt die Gefahr des zufälligen Unterganges der Student, im letzteren der Schneidermeister. Über den Begriff der Abnahme bestehen verschiedene Ansichten. Die herrschende versteht darunter nicht bloß körperliche Hinnahme des Werkes, sondern verlangt dazu noch die Anerkennung der Leistung als Vertragserfüllung. Diese kann auch stillschweigend und durch konkludente Handlungen zum Ausdruck gebracht werden. Hiernach ergibt sich für vorliegenden Fall folgendes: In dem Tragen des Anzuges durch den Studenten trotz des Mangels ist eine Anerkennung der Leistung als Vertragserfüllung zu erblicken. Der Student hat also abgenommen und trägt grundsätzlich die Gefahr des zufälligen Unterganges. Trotz der Abnahme verliert der Student jedoch nicht die Rechte aus §§ 633ff. BGB. und zwar deshalb, weil er sich bei der Abnahme des Werkes seine Rechte vorbehalten hat. (§ 640 BGB.) Diese Rechte kann er allerdings nur insoweit geltend machen, als ihm seine Gegenleistung durch den Untergang des Anzuges nicht unmöglich geworden ist. Er kann also z. B. nicht mehr wandeln, da er den Anzug nicht mehr herausgeben kann.

Aufgabe II.

I.

A.

1. Die Klage des Müller ist auf Wandlung des Kaufes wegen eines Mangels der gekauften Sache zu richten. Ob der Antrag richtig formuliert ist, hängt davon ab, welcher der beiden über die Wandlung bestehenden Theorien man beipflichtet. Nach der Vertragstheorie, die sich auf § 465 BGB. stützt, geht der Wandlungsanspruch auf Abschluß des Wandlungsvertrages. Die Wandlung ist vollzogen, wenn der Verkäufer diesen Wandlungsantrag annimmt oder hiezu verurteilt worden ist. Erst dann kann Erfüllung des Wandlungsvertrages, d. h. Rückgewähr des Geleisteten verlangt werden. Nach dieser Theorie ist der Klageantrag des Müller unrichtig formuliert. Er müßte lauten:

1. Der Beklagte ist zu verurteilen in die Wandlung des am 19. Sept. mit dem Kläger abgeschlossenen Kaufvertrages einzuwilligen.
2. Der Beklagte ist schuldig an den Kläger 2000 Mark zurückzuzahlen.

Nach der vom Reichsgericht vertretenen auf § 462 BGB. sich stützenden Restitutionstheorie geht der Wandlungsanspruch direkt auf Rückgewähr der geleisteten Sache. Ein besonderer Wandlungsvertrag ist hiernach nicht notwendig. Nach dieser Theorie ist der Klageantrag richtig formuliert.

2. Versäumnisurteil kann nicht ergehen, gleichgültig, welcher Theorie man sich anschließt. Kläger und Beklagter sind Kaufleute nach § 1 II Nr. 1 HGB. Das von ihnen getätigte Geschäft ist somit ein beiderseitiges Handelsgeschäft nach § 343 HGB. Zur Begründung der Mängelrüge ist bei solchen eine unverzügliche Anzeige der Mängel notwendig (§ 377 HGB.). Der Kläger müßte also zur Begründung seines Klagebegehrens unverzügliche Mängelanzeige oder arglistige Täuschung geltend machen. Beides hat er nicht getan. Sein Vorbringen rechtfertigt daher nicht den Klageantrag. Die Klage müßte durch Endurteil abgewiesen werden (§ 331 ZPO.). Bei Annahme der Vertragstheorie wäre obendrein noch die

Behauptung nötig, daß der Beklagte in den Wandlungsvertrag eingewilligt habe.

B.

1. Das Gericht ist an die gewählte Reihenfolge nicht gebunden. Der Vorsitzende leitet vielmehr den Gang der Verhandlung nach seinem Gutdünken (§ 136 ZPO.).

2. Eine Zurückweisung des Vorbringens wäre aus verschiedenen Gründen möglich. Einmal wegen verspäteten Vorbringens, dann wegen Verschleppungsabsicht, ferner wegen Vorliegens einer Klageänderung. Die beiden ersten Fälle scheiden aus, weil das neue Vorbringen bereits im ersten Termin erfolgt. Eine Klageänderung liegt nur hinsichtlich des neuen Vorbringens der rechtzeitigen Mängelrüge vor, da ohne diese der Klageanspruch nicht gerechtfertigt ist. Das neue Vorbringen ist mithin eine Änderung des Klagegrundes. Änderung des Klagegrundes ist nach § 268 ZPO. (a. e. c.) Klageänderung. Diese wird jedoch für sachdienlich zu erachten sein, so daß für das Gericht keine Veranlassung besteht, die Klageänderung zurückzuweisen (§ 264 ZPO.). Das Vorbringen der arglistigen Täuschung ist keine Klageänderung. Die dasselbe begründenden Tatsachen hat Kläger bereits bei Klagestellung behauptet.

3. Die rechtliche Würdigung des Sachverhaltes ist Sache des Gerichtes. § 137 II ZPO. hat lediglich die Bedeutung, daß die rechtlichen Darlegungen der Parteien nur eine für das Gericht unverbindliche Meinungsäußerung bilden. Es handelt sich nun hier um ein beiderseitiges Handelsgeschäft. Das Gericht hat folglich die Vorschriften über den Handelskauf in Anwendung zu bringen, ohne von den Parteien darauf hingewiesen zu werden.

4. Das Gericht hat auf den vom Kläger dem Beklagten zugeschobenen Eid zu erkennen. Die Auferlegung des Eides erfolgt durch Beweisbeschluß, da es sich um ein selbständiges Angriffsmittel handelt und die Entscheidung mangels anderer Beweismittel von der Leistung des Eides abhängt. Der Eid ist in der Wahrheitsform zu leisten (§§ 461 I, 459 I, 359 Nr. 4 ZPO.).

5. Ist keine Mängelanzeige angekommen, so wird der dem Korn von Müller zugeschobene Eid über die Kenntnis der mangelhaften Beschaffenheit des Getreides durch bedingtes Endurteil auferlegt (§§ 460, 462 ZPO.).

II.

Der Inhaber des Papiergeschäftes ist Kaufmann. Als solcher ist er berechtigt für aufbewahrte Sachen auch ohne Verabredung Lagergeld zu verlangen (§ 354 HGB.). Voraussetzung ist natürlich, daß ein Verwahrungsvertrag zustande gekommen ist. Dies ist zu verneinen. Der Inhaber des Geschäftes wollte dem Agenten lediglich eine Gefälligkeit erweisen, nicht jedoch eine Verpflichtung zur Obhut übernehmen. Wenn der Geschäftsmann nachträglich Lagergeld beansprucht, so ist dies für die Beurteilung der vorhergehenden Vorgänge völlig belanglos. Eine Vertragshaftung scheidet also aus. Der Handlungsagent Fleißig könnte nur auf Grund unerlaubter Handlung für seine Koffer Ersatz verlangen. Über den Rechtsgedanken des § 690 BGB. mit § 277 BGB. hinweg wird man aber auch das Vorliegen einer unerlaubten Handlung nur annehmen dürfen, wenn Vorsatz oder grobe Fahrlässigkeit vorliegt. Beides ist zu verneinen.

Aufgabe III.

I.

1. Sierer ist nicht strafbar. In Frage käme höchstens Betrug, allein die Tatbestandsmerkmale des Betrugs sind nicht erfüllt. Es fehlt an der Vorspiegelung falscher Tatsachen. Der Ausspruch „Die können Sie bis zu Ihrem seligen Ende tragen" ist nur eine allgemeine Redewendung und ein Urteil über die Güte der Hosenträger.

2. Stoßer ist schuldig eines Verbrechens der schweren Körperverletzung nach § 224 RStGB. Daß sich sein Vorsatz nicht auf die schwere Folge (Verlust des einen Auges) bezog, ist unbeachtlich, da der erschwerte Erfolg nicht Tatbestandsmerkmal, sondern nur Strafbarkeitsmerkmal ist.

Hell ist schuldig eines Verbrechens nach §§ 224, 48 RStGB. Die Tat des Angestifteten wird auch in ihrer Qualifizierung dem Anstifter zugerechnet. Es taucht allerdings die Frage auf, ob Hell nicht als mittelbarer Täter zu bestrafen ist. Dies wird man bejahen müssen, allerdings ist er nicht Täter aus § 223, sondern aus §§ 224 bzw. 225 RStGB. In bezug auf § 223 RStGB. ist er nur Anstifter, da nur dem Stoßer diese Tat als eigene zugerechnet werden muß. Was dann die schwere Folge dieser Handlung anlangt, so haftet für dieselbe zwar auch Stoßer (Erfolgdelikt!), dieser war aber dennoch nur ein Werkzeug in der Hand des Hell, der die schwere Folge voraussehen konnte und den Stoßer zum Eintritt derselben benützt hat. Hell hat mit dolus eventualis gehandelt. Er ist also Anstifter zu §§ 223, 224 RStGB. und zugleich mittelbarer Täter aus § 224 RStGB. Die Anstiftung wird konsumiert durch die Täterschaft. Es besteht Gesetzeskonkurrenz. Eine Bestrafung des Hell als Täter statt aus § 224 aus § 225 RStGB. ist nicht möglich. Hell handelt nur mit dolus eventualis. Zur Strafbarkeit aus § 225 RStGB. ist jedoch dolus directus nötig (RG. 24, 369).

II.

1. Der Verteidiger wird einen Antrag stellen auf Ladung des Knaben Neugierig zur Hauptverhandlung. Der Antrag ist bei Gericht einzureichen (§ 219 RStPO.). Lehnt das Gericht den Antrag ab, dann wird der Verteidiger den Knaben unmittelbar laden (§ 220 RStPO.) oder ihn zur Hauptverhandlung mitbringen (arg. e § 222 RStPO.).

2. a) Bei einer dem Angeklagten nachteiligen Entscheidung über die Schuldfrage ist $^2/_3$ Mehrheit erforderlich (§ 263 RStPO.). Nach dem Grundsatz in dubio pro reo wird neben dem ersten auch der zweite Richter dem Angeklagten Notwehr zubilligen und für Freisprechung stimmen. Das Urteil hat daher auf Freisprechung zu lauten.

b) Daß die Richter auf Grund der gleichen Beweisaufnahme zu verschiedener Überzeugung kamen, ist prozessual unbedenklich. Es herrscht das Prinzip der freien Beweiswürdigung (§ 261 RStPO.).

Juristische Universitätsschlußprüfung 1926/27.

Aufgabe II.

1. Rupp ist Jugendlicher im strafrechtlichen Sinne (§ 1 JGG.). Aus seinem ganzen im Sachverhalt geschilderten Verhalten kann man entnehmen, daß er die zur Tat notwendige Einsicht hatte und seinen Willen demgemäß bestimmen konnte (vgl. § 3 JGG.). Seine Handlungsweise weist auf ein Vergehen nach § 242 RStGB. hin. Alle Tatbestandsmerkmale des Diebstahls sind gegeben, ausgenommen das subjektive Tatbestandsmerkmal der Zueignungsabsicht. Rupp war beauftragt für seinen Herrn dessen Holz einzufahren. Aus reiner Bequemlichkeit lud er jedoch das Holz des Voß auf und fuhr es heim. Keineswegs hatte er dabei die Absicht sich das Holz zuzueigenen. Er wollte lediglich seinem Herrn Holz nach Hause fahren und seine Arbeit möglichst rasch und bequem verrichten.

Es ist aber in Betracht zu ziehen, daß möglicherweise eine Sachbeschädigung nach § 303 RStGB. in Frage kommt. Verbrennt nämlich Baum das Holz in seinem Haushalt, so zerstört er rechtswidrig fremde ihm nicht gehörige Sachen. Diese Möglichkeit hat Rupp vorhergesehen und auch gebilligt. Da sein Dienstherr gutgläubig ist, handelt Rupp als mittelbarer Täter, indem er sich seines Dienstherrn als Werkzeug bedient. Rupp ist also strafbar wegen Sachbeschädigung, möglicherweise in der Erscheinungsform des Versuchs. Zur Bestrafung ist allerdings ein Strafantrag nötig (§ 303 III RStGB.).

Wegen Nichtanzeige nach § 139 RStGB. ist Rupp nicht strafbar. Stein hatte nicht vor einen Mord zu begehen, ganz abgesehen davon, daß die Tat nicht zur Ausführung kam.

Für die von Rupp begangene Handlung ist Stein Anstifter. Er hat in Rupp vorsätzlich unter Versprechung der Hilfeleistung den Entschluß wachgerufen, das Holz des Voß wegzufahren. Wegen der Akzessorietät zwischen Haupttat und Anstiftung entfällt bei Stein gleichfalls eine Strafbarkeit wegen Anstiftung zum Diebstahl. Für die von Rupp begangene Sachbeschädigung bzw. Versuch der Sachbeschädigung ist die Strafbarkeit des Stein als Anstifter ebenfalls von einem Strafantrag abhängig.

Durch das Ausstreuen der Nägel macht sich Stein schuldig:
1. Eines Vergehens der Sachbeschädigung nach § 303 RStGB.
2. Eines Vergehens der fahrlässigen Körperverletzung nach § 230 RStGB.
3. Einer Übertretung nach § 366 Nr. 9 RStGB. Alle Straftaten stehen in rechtlichem Zusammenhang (§ 73 RStGB.).

Stein streute die Nägel auf die Straße, um ein paar Autoreifen zum Platzen zu bringen. Dieser Erfolg ist auch eingetreten. Der zur Bestrafung wegen Sachbeschädigung nötige Antrag ist gestellt (§ 303 III RStGB.). Die gleiche Handlung des Stein ist für die Körperverletzung des Klein kausal. Stein handelte fahrlässig. Vorsatz kann nicht angenommen werden, da die Worte „Es ist ganz ausgeschlossen, daß etwas passiert" die Annahme desselben unmöglich machen. Seine Worte „Es wäre übrigens gleich, wenn ein Autofahrer dabei umkäme" ließen zwar auf dolus eventualis schließen. Allein durch den angeführten nachfolgenden Ausspruch ist diese Annahme unmöglich gemacht. Die Übertretung nach § 366 Nr. 9 RStGB. steht mit den beiden andern Straftaten nicht etwa in Gesetzeskonkurrenz, sondern in Idealkonkurrenz. Die Strafdrohung des § 366 Nr. 9 RStGB. ist im polizeilichen Interesse erlassen wegen der allgemeinen Gefährlichkeit solcher Handlungen. Die Übertretung ist begangen mit der Bereitung solcher Verkehrshindernisse, ganz unabhängig davon, ob die Handlung noch gegen ein anderes Strafgesetz verstößt.

Durch die Erzählung des Stein dem Schutzmann gegenüber, Rupp habe die Nägel ausgestreut, begeht er kein Vergehen der falschen Anschuldigung nach § 164 RStGB., da der Schutzmann keine Behörde im Sinne dieses Paragraphen ist (vgl. Ebermeyer Anm. 4 zu § 164 RStGB.). Der Versuch ist nicht strafbar. Die Erzählung erfüllt aber die Tatbestandsmerkmale einer verleumderischen Beleidigung nach § 187 RStGB., da Stein wider besseres Wissen eine unwahre Tatsache behauptet, die geeignet ist, den Rupp in den Augen anderer herabzuwürdigen. Antragsdelikt (§ 194 RStGB.). Die Handlung des Stein stellt sich gleichzeitig als ein Betrugsversuch dar (§§ 263, 43 RStGB.). Stein will durch Täuschung des Schutzmanns diesen veranlassen, die Anzeige der Staatsanwaltschaft weiterzugeben. Diese sollte dadurch in einen Irrtum über die Täterschaft des Rupp versetzt und zur Auszahlung der ausgesetzten Belohnung an Stein veranlaßt werden. Der Betrug kam jedoch nicht zur Vollendung. Betrugsversuch und verleumderische Beleidigung stehen in rechtlichen, diese mit den oben ausgeführten Straftaten nach §§ 230, 303, 366 Nr. 9 RStGB. in sachlichem Zusammenhang.

Der Zuruf des Voß „Alter Schuft" ist ein Schimpfwort, durch das Voß Baum gegenüber seine Mißachtung zum Ausdruck bringt. Er begeht damit eine Beleidigung nach § 185 RStGB. Wenn Voß auch glaubt, Baum sei der Urheber in fraglicher Sache, so kann man ihm den Schutz des § 193 RStGB. nicht zubilligen, da er zwar berechtigt gewesen wäre, Vorhalte zu machen, nicht aber ohne weiteres sofort mit Schimpfworten über Baum herzufallen. Ob bei der Gegenäußerung „Unverschämter Kerl" Baum in Wahrnehmung berechtigter Interessen handelt, ist Tatfrage. Es hängt dies davon ab, ob der Ausdruck als ein Urteilen des Baum über das Verhalten des Voß, als Zurückweisen des ihm von Voß gemachten Vorwurfes aufzufassen ist, oder ob Baum durch diesen Ausdruck seiner Mißachtung des Voß Ausdruck geben wollte. Im ersten Fall straflos nach § 193, im zweiten Fall Beleidigung nach § 185 RStGB. Ehrennotwehr kommt nicht in Frage, da der Angriff des Voß bereits abgeschlossen ist. Vgl. die Möglichkeit aus § 199 RStGB.

2. Die Beleidigung nach § 185 RStGB. ist sowohl Privatklage- wie auch Antragsdelikt (§ 374 RStPO., § 194 RStGB.). Zur Stellung des Strafantrages ist nicht nötig, daß der Antrag förmlich gestellt, sondern nur, daß der Wille auf Strafverfolgung zum Ausdruck kommt. Dieser Wille ist in der Erhebung der Privatklage nach § 381 RStPO. enthalten. Durch Erhebung der Privatklage bei Gericht ist den Bestimmungen des § 61 RStGB. und § 158 RStPO. Genüge getan.

Der nach § 380 RStPO. für Beleidigungen erforderliche Sühneversuch ist nur Klagevoraussetzung, keine Prozeßvoraussetzung. Wird diesem Erfordernis nicht genügt und wird ohne Sühneversuch die Hauptverhandlung eröffnet, so bedingt dies nicht die Einstellung des Verfahrens, es wird vielmehr der Sühneversuch gegenstandslos, da das mit der Sache befaßte Gericht den unterbliebenen Sühneversuch selbst vornehmen kann. Dem Antrag des Voß auf Straffreierklärung kann nach § 199 RStGB. nur stattgegeben werden, wenn auch auf seiten des Baum eine Beleidigung vorliegt. Sonst ist er unbeachtlich.

Aufgabe III.

I.

Die mit den Käufern der Schirme abgeschlossenen Kaufverträge sind einseitige Handelsgeschäfte (§ 343 HGB.). Dennoch finden im vorliegenden Falle nicht die Vorschriften des HGB., sondern die des BGB. Anwendung, da § 377 HGB. ein beiderseitiges Handelsgeschäft erfordert. In dem Anpreisen als „rein seidene Schirme" liegt die Zusicherung einer Eigenschaft. Die off. HG. haftet für diese von einem mit allen Rechten und Befugnissen ausgestatteten Vertreter gemachten Zusicherungen (§§ 114, 125 HGB.). Den Käufern stehen die Rechte aus §§ 459ff. BGB. zu. Sie können nach §§ 462, 463 BGB. Wandlung, Minderung oder Schadensersatz wegen Nichterfüllung verlangen. Ob die Käufer außerdem an Stelle der mangelhaften Sache Lieferung einer mangelfreien verlangen können (§ 480 BGB.) hängt davon ab, ob ein Gattungs- oder Spezieskauf vorliegt. Nach der ganzen Sachlage ist nur die Annahme eines Spezieskaufes gerechtfertigt. Die Schirme wurden als bestimmte Einzelstücke verkauft. Neben diesen Rechten aus §§ 462, 463 BGB. ist nach der Rechtsprechung des RG. eine Anfechtung wegen Irrtums nach § 119 II BGB. ausgeschlossen, da §§ 459ff. BGB. lex specialis zu § 119 II BGB. ist. Möglich allerdings ist eine Anfechtung wegen arglistiger Täuschung nach § 123 BGB. Neben diesen Ansprüchen aus Vertrag können die Käufer auch deliktische Ansprüche aus §§ 823, 826 BGB. geltend machen. Die Formulierung der Klageanträge ist nach den über die Wandlung und Minderung bestehenden Theorien verschieden. (Näheres siehe Seite 57, Aufgabe II, 25/26.)

II.

Die Konkurrenzunternehmer des Ortes haben einen doppelten Anspruch gegen die Firma:

a) Schadensersatzansprüche. Diese Ansprüche können sie stützen auf § 1, § 13 mit § 3 des Gesetzes gegen den unlauteren Wettbewerb und § 823 BGB. Die Anpreisung als rein seidene Schirme ist eine wissentlich unwahre Abgabe zum Zwecke der Täuschung der Käufer, die in der Absicht vorgenommen ist, den Anschein eines besonders günstigen Angebotes hervorzurufen und als solche gegen die guten Sitten verstößt.

b) Einen Unterlassungsanspruch. Dieser Anspruch stützt sich auf § 1 und § 3 Unl.Wettbew.Ges. Die Ansprüche können gegen die Firma selbst geltend gemacht werden. Ohne weiteres gilt dies für den Unterlassungsanspruch, nach analoger Anwendung des § 31 BGB. auch für den Anspruch auf Schadensersatz.

III.

Als Gesellschafter ist Felix Schlesinger der Gesellschaft nach § 114 HGB. verpflichtet. Er haftet nach § 105 II HGB. in Verbindung mit §§ 708, 276, 277 BGB. für Vorsatz und grobe Fahrlässigkeit. Durch sein Verhalten hat er die ihm obliegenden Pflichten verletzt und haftet daher für den entstandenen Schaden. § 115 I HGB. kann von Felix bei der gegen ihn erhobenen Klage nicht geltend gemacht werden, weil sich der Anspruch gegen ihn persönlich richtet. Eine Auslegung des § 115 I HGB. in dem von Felix Schlesinger geltend gemachten Sinne würde jede Inanspruchnahme eines Gesellschafters durch die Gesellschaft vereiteln.

Aufgabe IV.

Die rechtliche Bedeutung der testamentarischen Bestimmung, daß das Landhaus während der nächsten 20 Jahre in der Familie bleiben solle, kann zweifelhaft sein. Man könnte darin eine bedingte Erbeinsetzung oder Vermächtnis eines Vorkaufsrechtes zugunsten der ausgeschlossenen Erben erblicken. Eine bedingte Erbeinsetzung ist jedoch mangels näherer Angaben im Testament zu verneinen, vielmehr sollten durch die alleinige Erbeinsetzung des Emil Kurz gerade die übrigen Erben ausgeschlossen werden. Ein Vorkaufsrecht in der Form des Vermächtnisses ist deshalb nicht anzunehmen, weil dies aus dem Testament nicht klar hervorgeht und der Erblasser den Verwandten keinen persönlichen Anspruch gegen den Erben geben wollte. Vielmehr ist in dieser Bestimmung eine Auflage zu erblicken und zwar die einer Veräußerungsbeschränkung. Sie beruht auf einem einseitigen Rechtsgeschäft, dem Testament, ist also Dritten gegenüber unwirksam (§ 137 BGB.).

1. a) Trotz der testamentarischen Bestimmung ist Eder durch die Auflassung und Eintragung im Grundbuch Eigentümer des Landhauses geworden. Eine Rückgängigmachung kann nicht verlangt werden, weil — wie ausgeführt — diese rechtsgeschäftliche Veräußerungsbeschränkung Dritten gegenüber unwirksam ist. Auch die Kenntnis der testamentarischen Bestimmung durch Eder ändert hieran nichts.

b) Die Eintragung im Grundbuch ist unzulässig, da ein rechtsgeschäftliches Veräußerungsverbot nicht eintragungsfähig ist. Sie wäre im Hinblick auf § 137 BGB. auch praktisch wertlos.

c) Der Bruder Franz Kurz hat aus der Auflage ein selbständiges Gläubigerrecht nicht erlangt (§ 1940 BGB.). Nach § 2194 BGB. könnte er zwar durch eine Klage auf Unterlassung die Vollziehung der Auflage verlangen (§ 890 ZPO.). Dies wäre aber nur vor der Eigentumsübertragung an Eder möglich gewesen. Ein Fall des § 2196 BGB. liegt nicht vor.

2. a) Zum Kaufvertrag gehören alle Abreden, insbesondere auch die über den Preis. Der Preis ist wesentlicher Bestandteil eines Kaufvertrages. Bei Grundstücksveräußerungen bedarf daher auch diese Vereinbarung der gerichtlichen oder (in Bayern) notariellen Beurkundung. Die Vereinbarung ist im vorliegenden Falle als Scheingeschäft nichtig (§ 117 BGB.). Der Mangel der notariellen Beurkundung dieses wesentlichen Vertragsbestandteiles hat Nichtigkeit des ganzen Vertrages zur Folge (§§ 313, 125 BGB.). Durch die Auflassung und Eintragung ins Grundbuch wird der Formmangel geheilt

(§ 313 BGB.). Der Vertrag wird seinem ganzen Inhalt nach (auch bezüglich der mündlich vereinbarten Kaufpreishöhe von 38000 Mark) gültig. Ein Antrag des Eder beim Grundbuchamt auf Löschung der Eigentumseintragung ist denkbar, kann aber nur als ein Verzicht nach § 928 BGB. gewertet werden. Unberührt bleibt dadurch seine Verpflichtung aus dem Kaufvertrag.

b) Wie ausgeführt ist die Vereinbarung über 26000 Mark nichtig. Durch die Auflassung und Eintragung ist dagegen der mündliche Kaufvertrag voll wirksam geworden. Eder schuldet daher 38000 Mark.

3. Der Kaufmann Lang ist trotz der für ihn bestellten Pflegschaft (§ 1910 BGB.) in der Geschäftsfähigkeit nicht beschränkt, da hiezu Entmündigung (§§ 6, 114 BGB.) oder Stellung unter vorläufige Vormundschaft (§ 1906 BGB.) nötig wäre. Lang war daher zum Abschluß des Zessionsvertrages auch ohne Zustimmung seines Pflegers berechtigt. Die Abtretung ist wirksam.

Juristische Universitätsschlußprüfung 1927/28.

Aufgabe I.

I.

Der am 1. Juni 1927 zwischen Maucher und Fischer abgeschlossene Vertrag ist durch die „Rücktrittserklärung" des Maucher nicht etwa unwirksam geworden, da für einen Rücktritt und auch für eine Anfechtung die rechtlichen Voraussetzungen nicht gegeben sind. Die angegebenen Gründe, er benötige das Pferd nicht mehr, und könne auch nicht zahlen, greifen nicht durch, da es sich im ersten Fall (Kauf des Pferdes für die Ernte) nicht um eine Bedingung des Vertrages, sondern lediglich um ein Motiv zum Kaufabschluß handelt, im letzten Fall um einen Umstand, den der Schuldner zu vertreten hat (§ 279 BGB.). Sollte das Vorbringen des Fischer, Maucher habe das Pferd gestohlen, richtig sein, dann dringt Fischer mit seiner Klage durch. Denn dann wäre das Abhandenkommen des Pferdes ein Umstand, den der Schuldner (Maucher) zu vertreten hat (§ 324 BGB.). Da Fischer für die Unmöglichkeit der Leistung infolge Verschuldens des Maucher beweispflichtig ist, kann er diesem darüber den Eid zuschieben (§ 445 ZPO.). Weil aber der Eid nach § 453 ZPO. nur subsidiäres Beweismittel ist, kann er nicht auferlegt werden, da Fischer mit seiner Klage schon auf Grund seines übrigen Klagevorbringens (Säumigkeit des Maucher) durchdringen kann. § 324 II, I BGB. kommt allerdings nicht zur Anwendung, da Annahmeverzug des Maucher wohl nicht vorliegt. Einen solchen könnte man höchstens auf Grund des § 295 BGB. annehmen. Da nämlich durch Schreiben vom 20. Juni Maucher zu erkennen gab, daß er vom Vertrag zurücktrete, den Braunwallachen also nicht annehmen werden, würde ein wörtliches Angebot des Fischer zur Begründung des Annahmeverzuges genügen. Allein ein solches Angebot liegt nicht vor, da das Schreiben des Fischer, er müsse an der Vertragserfüllung bis spätestens 20. August festhalten, als Angebot nicht gedeutet werden kann. Fischer wird jedoch auf Grund des § 286 I BGB. mit seiner

Klage durchdringen. Maucher ist nämlich im Schuldnerverzug (§ 284 BGB.). Da für die Vertragserfüllung keine bestimmte Zeit vereinbart war, so konnte Fischer die Erfüllung sofort verlangen (§ 271 BGB.). Dies hat er getan durch sein Schreiben an Maucher, er müsse bis spätestens 20. August Erfüllung verlangen. Mit diesem Schreiben wurde die Leistung fällig. Zugleich lag in dem Ausdruck „bis spätestens 20. August" die Mahnung bis zu diesem Tage zu zahlen. Daß die Mahnung gleichzeitig in dem Schreiben, das die Fälligkeit begründet (vgl. § 284 BGB.), enthalten ist, ist unbeachtlich, da man die Mahnung als bis zum 20. August befristet ansehen kann. Es liegt also nach § 284 BGB. Schuldnerverzug des Maucher vor, wogegen dieser nicht etwa einwenden kann, er habe gegen Fischer einen fälligen Anspruch. Maucher muß ja laut Vertrag die 400 Mark im voraus zahlen. Den durch den Verzug dem Fischer entstandenen Schaden hat Maucher zu ersetzen (§ 286 BGB.). Der Schaden besteht für Fischer darin, daß der Vertrag nicht erfüllt, der Braunwallache an Maucher nicht geliefert wurde und so bei Fischer zu einer Zeit, als die Gefahr noch nicht auf Maucher übergegangen war, gestohlen werden konnte (§ 446 BGB.). Nach § 249 BGB. hat Maucher den Zustand herzustellen, der bestehen würde, wenn der zum Ersatz verpflichtende Umstand nicht eingetreten wäre. Hätte Maucher am 20. August gezahlt, dann wären die beiden Pferde ausgetauscht worden. Die Gefahr wäre also zur Zeit des Diebstahls bereits auf Maucher übergegangen gewesen. Maucher muß daher die Gefahr für das Verschwinden des Pferdes übernehmen, außerdem die 400 Mark zahlen und den Schimmel an Fischer liefern.

II.

Das von den Eheleuten Karl und Anna Müller errichtete gemeinschaftliche Testament läßt zwei Auslegungsmöglichkeiten zu.

1. Der überlebende Ehegatte ist unbeschränkter Erbe des zuerst Versterbenden. Die Kinder sind dann direkte Erben des Nachlasses des zuletzt Versterbenden (§ 2269 BGB.).

2. Der überlebende Ehegatte ist Vorerbe des zuerst Verstorbenen. Die gemeinschaftlichen Kinder sind Nacherben

bezüglich des Nachlasses des zuerst Verstorbenen, direkte Erben bezüglich des Nachlasses des zuletzt Verstorbenen.

Für die Auslegung im Sinne Nr. 1 ist bei dem vorliegenden Testament kein Raum, vielmehr weisen die getroffenen Bestimmungen auf eine Auslegung nach Nr. 2 hin. Einmal spricht das Testament von „gesetzlich zulässigen Befreiungen", die auf eine Vor- und Nacherbfolge hinweisen (§ 2136 BGB.), dann aber muß ganz besonders aus der Bestimmung über die Erhaltung der Substanz auf eine Vor- und Nacherbfolge geschlossen werden. Mit dem Passus über die Substanzerhaltung läßt sich die befreite Vorerbschaft wohl vereinbaren, auch soweit § 2113 BGB. in Frage steht. Die Frau ist nur verpflichtet die Substanz der Erbschaft zu erhalten, sie darf nicht unentgeltlich über Erbschaftsgegenstände verfügen. Verfügt sie entgeltlich über einen Nachlaßgegenstand, dann tritt das Geld an Stelle des Gegenstandes und muß zur Erhaltung der Substanz beim Nachlaß verbleiben. Ob die beiden Söhne Robert und Adolf mit ihrer Klage durchdringen, hängt davon ab, welche Auslegung man für die richtige hält. Bei Auslegung des Testamentes nach Nr. 1 ist die Klage auf jeden Fall unbegründet, da die testamentarische Bestimmung keinen dinglichen Schutz gewähren kann (§ 137 BGB.). Nach der hier vertretenen Ansicht einer Vor- und Nacherbschaft ist die Klage als begründet anzusehen. Allerdings nicht deswegen, weil die Mutter überhaupt verfügt hat, was ihr sowohl auf Grund des Testamentes, wie auch, selbst bei befreiter Vorerbschaft, auf Grund Gesetzes verboten ist (§§ 2136, 2113 BGB.). Der zwischen der Mutter und den Eheleuten König geschlossene Vertrag ist nämlich nach der ganzen Sachlage als ein Scheingeschäft anzusehen, durch das ein anderes Rechtsgeschäft, die Schenkung, verdeckt werden soll. Auf ein solches Scheingeschäft finden gemäß § 117 II BGB. die für das verdeckte Rechtsgeschäft geltenden Vorschriften Anwendung. Mit anderen Worten, der ganze Scheinkauf ist als eine Schenkung zu behandeln und dies ist, da dadurch das Recht der nicht zustimmenden Nacherben vereitelt würde, diesen gegenüber im Falle des Eintrittes der Nacherbfolge unwirksam, es sei denn, daß die Erwerber den Schutz des § 2113 III

BGB. genießen, was nicht anzunehmen ist. Eine Leistungsklage auf Rückübertragung des Eigentums bei Lebzeiten der Mutter haben die Söhne natürlich nicht, wohl aber ist ihre Klage auf Feststellung der Ungültigkeit der Eigentumsübertragung im Falle des Eintrittes der Nacherbfolge ihnen gegenüber als begründet anzusehen.

Aufgabe II.

I.

1. Der Klageantrag hat auf Verurteilung der Stadt München zur Zahlung von 500 Mark an die Klägerin zu lauten, bestehend aus 250 Mark Unkosten, 100 Mark Lohnentgang, 150 Mark Schmerzensgeld. Bezüglich des künftigen Schadens aus verminderter Erwerbsfähigkeit könnte eine Leistungsklage nur gestellt werden, wenn die verminderte Erwerbsfähigkeit schon jetzt ziffernmäßig festgestellt wäre (§ 258 ZPO.). Da dies nicht der Fall ist, kann nur auf Feststellung der Entschädigungspflicht unter Vorbehalt der späteren Festsetzung der Höhe geklagt werden (§ 256 ZPO.). Der Einwand des Beklagten, die Klage sei bezüglich des künftigen Schadens verfrüht, kann durch § 259 ZPO. widerlegt werden.

2. Sachlich zuständig für die Klage ist das Landgericht. Der Streitwert beträgt 500 Mark plus 12½ mal Jahresentschädigung (§§ 9, 5 ZPO., §§ 71, 23 Nr. 1 GVG.) (Notverordnung des RPräs. v. 1. Dez. 1930 u. 6. Okt. 1931). Örtlich zuständig ist München (§§ 29, 32, 17 ZPO.).

3. Zur Erhebung der Klage ist der gesetzliche Vertreter der Maria Huber, ihr Vater, berechtigt. Klagepartei ist jedoch Maria Huber selbst (§ 1630 BGB., §§ 52, 50 ZPO.).

II.

1. a) Bezüglich des Verschuldens des Straßenbahnbeamten ist die Klägerin beweispflichtig, da das Verschulden des Beamten zur Rechtfertigung des Klageanspruches notwendig ist, für den Fall wenigstens, daß die Klage auf unerlaubte Handlung oder positive Vertragsverletzung gestützt wird. Wird jedoch aus § 1 H.Pfl.G. geklagt, dann ist zur Begründetheit der Klage Verschulden des Beamten nicht nötig.

b) Bezüglich des groben Verschuldens der Klägerin ist die Beklagte beweispflichtig (§ 254 BGB., § 1 H.Pfl.Ges.).

c) Für die Höhe des Schadens ist die Klägerin beweispflichtig. Es gibt allerdings insoweit eine Beweiserleichterung, als das Gericht die Höhe nach freiem Ermessen festsetzen kann (§ 287 ZPO.).

2. a) Eine Ablehnung von Zeugen wegen Befangenheit gibt es nicht. Dagegen sind die beiden Zeugen wohl zur Verweigerung des Zeugnisses berechtigt nach § 384 Nr. 2 ZPO., wenn man auch bedenken muß, daß das Eidesthema sich lediglich auf das grobfahrlässige Verhalten der Klägerin bezieht. Eine Beeidigung ist nach § 393 Nr. 4 ZPO. nicht angängig.

b) Die Frage ist natürlich dahin zu verstehen, daß die Klägerin die Zeugen für die Begründetheit ihres Klageantrages benennt, also für das Verschulden der Beamten selbst. In diesem Fall besteht über das Zeugnisverweigerungsrecht derselben nach § 384 Nr. 2 ZPO. kein Zweifel.

3. Das Strafurteil hat auf den Zivilprozeß keinen Einfluß (§ 14 Nr. 1 EGZPO., § 286 ZPO.). Dagegen kann das Urteil bei der Bildung der Überzeugung des Richters mitbestimmend sein.

4. Der Eid kann entweder an den Vater der Maria Huber als deren gesetzlichen Vertreter oder auf Antrag der Beklagten an Maria Huber persönlich zugeschoben werden (§ 473 I, II ZPO.). Der Vater leistet den Eid in der Überzeugungsform, die Tochter in der Wahrheitsform. Im Falle der Zuschiebung an die Tochter ist eine Zurückschiebung des Eides nicht möglich, da dem § 448 II ZPO. im Wege steht.

5. Da die Schuldfrage nur einen Teil des Klagegrundes darstellt, kann sie nicht Gegenstand einer selbständigen Entscheidung sein. Wohl aber kann über den Klagegrund nach § 304 ZPO. vorweg entschieden werden. Diese Entscheidung ist kein Vorbehaltsurteil (§ 302 ZPO.), kein Teilurteil (§ 301 ZPO.), auch kein Zwischenfeststellungsurteil nach § 280 ZPO., sondern ein selbständig anfechtbares Zwischenurteil nach § 304 ZPO.

6. Das Urteil wäre ein Teilurteil nach § 301 ZPO. Als solches ist es als Endurteil anzusehen und daher mit den gewöhnlichen Rechtsmitteln anfechtbar.

Aufgabe III.

I.

Die Bügel macht sich durch den Verkauf der Wäschestücke einer Notunterschlagung nach § 248a RStGB. schuldig. Die Geringwertigkeit der Gegenstände für den Studenten ergibt sich einmal aus dem verhältnismäßig geringen Erlös, dann auch aus der Äußerung des Studenten, er habe keine Lust in der Sache etwas zu unternehmen. Daß die Bügel aus Not gehandelt hat, ergibt sich aus dem Sachverhalt.

Für dieses Vergehen haftet Streng als Anstifter (§§ 248a, 48 RStGB.). Gleichzeitig macht sich Streng durch diese Handlung einer Nötigung nach § 240 RStGB. schuldig (Nötigung durch Drohung mit einem Verbrechen zur Wegnahme der Wäschestücke und Zahlung der 5 Mark). § 240 konsumiert § 241 RStGB. (Gesetzeskonkurrenz). § 240 steht zu §§ 248a, 48 RStGB. in Idealkonkurrenz (§ 73 RStGB.).

Streng macht sich durch die Annahme der 5 Mark keiner Hehlerei schuldig, da es sich nicht um die durch die strafbare Handlung erlangte Sache (idem) handelt, ganz abgesehen davon, daß man mit Frank der Ansicht sein kann, daß die Sachhehlerei durch die Anstiftung mit abgegolten ist.

Ramsch ist strafbar wegen Sachhehlerei aus § 259 RStGB. oder wegen Beihilfe zu § 248a RStGB. Dies hängt davon ab, in welchem Zeitpunkt man die Unterschlagung der Bügel als vollendet ansieht. Wenn bereits mit dem Anerbieten der Wäschestücke, dann Sachhehlerei, wenn aber erst mit Kaufabschluß, dann Beihilfe.

Durch die Verdächtigung des Dienstmädchens und die Zuredestellung erfüllt Bommel den Tatbestand einer Beleidigung (§ 185 RStGB.). Allein Bommel hat in Wahrnehmung berechtigter Interessen gehandelt, so daß er den Schutz des § 193 RStGB. genießt.

Das Vergehen der Bügel nach § 248a RStGB. ist ein Antragsdelikt (§ 248a II RStGB.). Zur Stellung des Antrags ist Bommel nach § 65 RStGB. berechtigt. Da ein Antrag nicht gestellt wurde, kann gegen Bügel, den Anstifter Streng und den Gehilfen Ramsch nicht vorgegangen werden. Das Verlangen der Babette, die Bügel zu bestrafen, ist unbeachtlich, da sie nicht durch die Straftat der Bügel verletzt ist. Das gleiche gilt für den Antrag der Bügel auf Bestrafung des Streng. Begeht Ramsch durch den Ankauf der Sachen eine Sachhehlerei, dann bedarf es keines Strafantrags gegen ihn. Desgleichen kann Streng ohne Antrag wegen Nötigung bestraft werden. Dem Antrag auf Bestrafung des Bommel wird die Staatsanwaltschaft mangels öffentlichen Interesses nicht stattgeben. (§ 376 RStPO.). Sie wird ihr mitteilen, daß ihr der Weg der Privatklage offenstehe (§ 374 RStPO.).

II.

Die Revisionsgründe des Streng greifen nicht durch. Zur Zurückweisung auf Vernehmung eines Sachverständigen war das Gericht nach § 244 II RStPO. befugt, da es sich die nötige Sachkunde selbst zutraute (HöchstRR. 1925, 249). Zur Begründetheit seiner anderen Rüge wäre notwendig gewesen, daß das Mitglied des erkennenden Gerichtes nicht nur mit dem Schlaf gekämpft, sondern regelrecht eingeschlafen wäre (Doerr Anm. zu § 338 Nr. 1 RStPO.).

Ob die Wiederaufnahme des Verfahrens gegen einen rechtskräftig gewordenen Strafbefehl statthaft ist, ist bestritten. RG. verneint die Frage unter strenger Auslegung des § 359 RStPO.

Juristische Universitätsschlußprüfung 1928/29.

Aufgabe I.

I.

Nach herrschender Ansicht wird der Sicherungsübereignungsvertrag mit § 930 BGB. begründet. Er hat nun zwar vieles gemeinsam mit dem Tatbestand des § 930, deckt sich aber nicht völlig. Insbesondere ist der Zweck des Rechtsgeschäftes ein anderer. Bei § 930 will der Erwerber Eigentümer werden, d. h. es ist ihm darum zu tun, daß die Sache tatsächlich sein Eigentum wird. Beim Sicherungsübereignungsvertrag ist diese Absicht erst in zweiter Linie vorhanden. Der Erwerber will vielmehr vor allem Sicherung für seine Forderung haben. Der Wille ist der gleiche wie der des Pfandnehmers. Die Annahme einer Pfandbestellung aber ist nicht möglich, da hiezu nach § 1205 BGB. Übergabe der Sache notwendig wäre. Da aber der Sicherungsübereignungsvertrag nicht zum Hauptzweck eine Eigentumsübertragung, sondern nur Sicherung einer Forderung hat, daher auch nicht § 930 BGB. Anwendung finden könne, wird die Ansicht vertreten, daß es sich um einen Vertrag sui generis handelt, den zu schaffen man durch die besonderen Verhältnisse gezwungen gewesen sei.

Dem mag sein wie will, auf jeden Fall ist ein solcher Vertrag zulässig und, wenn nicht zur Benachteiligung anderer Gläubiger geschlossen, unbedenklich. Ob eine solche Benachteiligung im gegebenen Fall bezweckt werden sollte, ist aus dem Sachverhalt nicht ersichtlich und daher nicht anzunehmen. Es tauchen aber andere Bedenken gegen die Gültigkeit des Vertrages auf. Rein formell ist zu beachten, ob der Vertrag nicht deshalb ungültig sein kann, weil die Urkunde nur einseitig und nicht von beiden Parteien unterzeichnet ist. Die Schriftform ist zwar nicht kraft Gesetzes notwendig — § 311 BGB. trifft nicht zu, weil nicht das ganze Vermögen und auch nicht ein Bruchteil desselben, sondern nur eine Gesamtheit von Gegenständen (JW. 1909, 11) übertragen wird — man darf aber annehmen, daß sie, nachdem der Vertrag schriftlich vorliegt, rechtsgeschäftlich vereinbart wurde (§ 127 BGB.). Dennoch wird man aus diesem Umstand nicht auf die Nichtigkeit des Vertrages schließen können, da ja über denselben mehrere Urkunden aufgenommen und die einzelnen Urkunden nach einseitiger Unterzeichnung nach § 126 II 2 BGB. gegenseitig ausgetauscht sein können. Weiterhin ist zu erwägen, ob sich nicht aus dem Umstand, daß Dr. Schneider als allein vertretungsberechtigter Gesellschafter mit sich selbst einen Vertrag abgeschlossen hat, nach §§ 181, 139 BGB. Nichtigkeit des Vertrags ergibt. § 181 BGB. bestimmt, daß ein Vertreter nur insoweit im Namen des von ihm Vertretenen mit sich selbst Rechtsgeschäfte vornehmen darf, als ihm dies ausdrücklich gestattet ist oder das Rechtsgeschäft ausschließlich in der Erfüllung einer Verbindlichkeit besteht. Letzteres scheidet ohne weiteres aus. Von einer Gestattung enthält der Sachverhalt keinerlei Angaben. Das von Dr. Schneider abgeschlossene Rechtsgeschäft verstößt somit gegen § 181 BGB. Der Vertrag ist jedoch deshalb nicht ohne weiteres nichtig, er ist vielmehr schwebend unwirksam und nach § 177 BGB. genehmigungsfähig. Dr. Schneider hat also die Möglichkeit nach § 177 II BGB. die Genehmigung der off. HG. zu erholen. Diese Genehmigung kann jedoch Dr. Schneider als allein vertretungsberechtigter Gesellschafter sich selbst nicht erteilen — es läge darin wieder ein Selbstkontrahieren nach § 181 BGB. — dazu ist vielmehr die Genehmigung sämtlicher Gesellschafter erforderlich. Wird diese versagt, dann bleibt das Rechtsgeschäft nichtig. Der vorliegende Sicherungsübereignungsvertrag wäre also, soweit mit Dr. Schneider abgeschlossen, nichtig. Diese Teilnichtigkeit hat nicht etwa nach § 139 BGB. Nichtigkeit des ganzen Vertrages zur Folge, da anzunehmen ist, daß der Vertrag auch ohne den nichtigen Teil mit den anderen Gläubigern abgeschlossen worden wäre.

Aber selbst bei Gültigkeit des Vertrages mit Dr. Schneider wäre der pfändende Gläubiger nicht schlechter gestellt, da ja Dr. Schneider als persönlich haftender Gesellschafter mit seinem ganzen Vermögen, also auch mit dem ihm an den übereigneten Gegenständen zustehenden Anteil haftet (§ 128 HGB.).

2. Die auf Grund des Sicherungsübereignungsvertrages geltend gemachte Einwendung gegen die Pfändung ist nach § 771 ZPO. auszutragen.

II.

Aus dem der Frau Schneider gegebenen Darlehen kann Mayer sowohl gegen die Frau wie auch gegen den Mann Ansprüche geltend machen.

a) Gegen die Frau: Durch die Eheschließung wird die Frau nicht in der Geschäftsfähigkeit beschränkt. Sie kann daher ohne Zustimmung des Mannes einen voll wirksamen Darlehensvertrag abschließen. Es fragt sich nur, wer durch den Vertrag verpflichtet wird, bzw. welche Vermögensmasse für die Erfüllung haftet. Die Eheleute leben, da nichts vereinbart ist, im gesetzlichen Güterstand der Verwaltung und Nutznießung des Mannes (§§ 1363ff. BGB.). Darnach bedarf die Frau gemäß § 1399 BGB. zu einem Verpflichtungsgeschäft nicht der Zustimmung des Mannes. Ein solches ist allerdings in Ansehung des eingebrachten Gutes dem Mann gegenüber unwirksam. Die Gläubiger können sich nicht an das eingebrachte Gut der Frau halten (§§ 1399 II, 1412 I BGB.). Für die Kosten eines Rechtsstreites siehe jedoch § 1412 II BGB. Hiernach hat also Mayer nur die Möglichkeit aus dem Vorbehaltsgut der Frau Erfüllung zu verlangen.

Da jedoch das aufgenommene Darlehen von 100 Mark zur ordnungsmäßigen Besorgung der persönlichen Angelegenheiten der Frau erforderlich war, kann, falls Dr. Schneider die Zustimmung verweigert, dieselbe auf Antrag der Frau durch das Vormundschaftsgericht ersetzt werden. Ein ausreichender Grund zur Verweigerung fehlt. In diesem Fall könnte sich Mayer auch an das eingebrachte Gut halten (§§ 1412 I, 1402 BGB.).

b) Gegen den Mann: Eine Verpflichtung des Mannes aus dem Darlehensvertrag auf Grund der Schlüsselgewalt der Frau ist abzulehnen. Das von Frau Schneider aufgenommene Darlehen kann man nicht als im Rahmen ihres häuslichen Wirkungskreises aufgenommen bezeichnen (§ 1357 BGB.). Eine Verpflichtung des Mannes ergibt sich aber aus Geschäftsführung ohne Auftrag (§ 677 BGB.). Nach § 1360 I

BGB. ist der Mann verpflichtet, der Frau Unterhalt zu gewähren. Der Umstand allein, daß die Frau nicht mehr bei ihrem Manne wohnt, kann diese Pflicht des Mannes nicht beseitigen. Nach der ganzen Lage des Falles ist zwar anzunehmen, daß Mayer erkannte, daß die Übernahme der Geschäftsführung mit dem Willen des Dr. Schneider (des Geschäftsherrn) in Widerspruch steht. Dieser der Geschäftsführung entgegenstehende Wille kommt jedoch nicht in Betracht, da Dr. Schneider die ihm obliegende gesetzliche Unterhaltspflicht nicht rechtzeitig erfüllt hat (§ 679 BGB.). Unbeachtlich kann bleiben, daß der Mann primär nur verpflichtet war, seiner Unterhaltspflicht durch Naturalleistung zu genügen. Dadurch, daß er der Frau das Haus verwies, hat er Naturalleistung verweigert und die Frau hat nur durch Aufnahme von Geld die Möglichkeit, ihren Unterhalt zu bestreiten.

III.

Die Kücheneinrichtung gehört gem. § 1382 BGB. zum eingebrachten Gut der Frau. Mit welchen Mitteln die Gegenstände angeschafft wurden, ist gleichgültig. Der Anspruch der Frau Schneider auf Herausgabe dieser Einrichtung ist nur unter der Voraussetzung des § 1361 I 2 BGB. begründet.

Aufgabe II.

I.

Ein Versäumnisurteil nach Klageantrag kann nicht ergehen. Das tatsächliche Vorbringen rechtfertigt nicht die gestellten Anträge. K beantragt fürs erste sofortige Berichtigung des Grundbuchs durch seine Eintragung als Eigentümer. Ein Berichtigungsanspruch steht dem K jedoch nicht zu, da das Grundbuch richtig ist. K hat vielmehr nur auf Grund des not. Kaufvertrages gegen B einen Anspruch auf Übereignung des Grundstückes an sich. Hält der Anwalt seinen Antrag auf Erlassung eines Versäumnisurteils aufrecht, so ist die Klage abzuweisen als unbegründet (§ 331 II ZPO.). (Sogenanntes unechtes Versäumnisurteil.)

Der Antrag auf Herausgabe des Grundstückes am 1. Oktober ist eine Klage auf künftige Leistung. Eine solche ist nur möglich nach §§ 257 bis 259 ZPO. § 257 scheidet aus. Nach ihm sind nur Klagen auf Räumung von Grundstücken usw., nicht aber Klagen auf Einräumung oder auf Herausgabe von Grundstücken usw. zulässig. K könnte seine Klage nur auf § 259 ZPO. stützen. Dazu ist jedoch nötig, daß eine Besorgnis der späteren Leistungsverweigerung durch den Schuldner behauptet wird. In der Erklärung des K, B habe trotz Mahnung sich zur Übereignung nicht bereit gefunden, kann eine solche Behauptung nicht erblickt werden, da sich diese Erklärung lediglich auf die Übereignung bezieht.

II.

1. Der Antrag des K war ursprünglich auf Grundbuchberichtigung gestellt. Nunmehr beantragt er Verurteilung des B zur Übereignung des Grundstückes. Dies ist ein vollständig neuer Klagantrag, nicht etwa nur eine Erweiterung oder Beschränkung im Sinne des § 268 Nr. 2 ZPO. Es liegt daher eine Klageänderung vor. Diese kann auch gegen den Widerspruch des Beklagten vom Gericht als sachdienlich zugelassen werden (§ 264 ZPO.).

2. Die Verurteilung auf Herausgabe am 1. Oktober ist nach § 259 ZPO. möglich. Die Besorgnis der nichtrechtzeitigen Leistung ist anzunehmen, da B zu der am 1. Juni fällig gewesenen Übereignung nicht bereit ist und durch die Weiterführung des Prozesses seine Verpflichtung zur Leistung bestreitet.

3. Nach § 143 I BGB. ist die Anfechtungserklärung gegenüber dem Anfechtungsgegner vorzunehmen. Anfechtungsgegner ist B. Auf Grund der Prozeßvollmacht gilt jedoch der Anwalt des B zur Entgegennahme der Erklärung, der Anwalt des K zur Abgabe derselben als ermächtigt (RG. Bd. 49, 393). Gegen die Erklärung der Anfechtung ist also nichts einzuwenden.

4. Die Wirksamkeit der Anfechtung hängt davon ab, ob sie materiell begründet ist. In dem Vorbringen des B liegt die Behauptung einer arglistigen Täuschung. Für diese Behauptung ist B beweispflichtig. Den Beweis hat er durch Eideszuschiebung an den K angetreten (§ 451 ZPO.). Der zugeschobene Eid ist von K angenommen. Diese Anfechtung ist

ein selbständiges Verteidigungsmittel, das für sich allein ausreicht die Ansprüche des K zu vereiteln. Auf den Eid erkennt das Gericht durch Beweisbeschluß (§ 461 I ZPO.).

5. Der Eigentumserwerb an Grundstücken erfolgt durch Einigung und Eintragung im Grundbuch (§ 873 BGB.). Die Verurteilung zur Übereignung enthält die Verurteilung zur Abgabe der Einigungserklärung. Diese gilt als abgegeben, sobald das Urteil die Rechtskraft erlangt hat (§ 894 I ZPO.). K hat also beim Grundbuchamt lediglich unter Vorlage des rechtskräftigen Urteils seine Einigungserklärung abzugeben und nach § 13 GO den Antrag auf Eintragung als Eigentümer zu stellen.

Aufgabe III.

I.

1. a) Hitzig macht sich schuldig eines Vergehens der Zuhälterei nach § 181 a I RStGB. Der reichliche Verdienst der gewerbsmäßig Unzucht treibenden Schneider veranlaßte ihn mit ihr zusammen eine Wohnung zu mieten und gemeinsamen Haushalt zu führen. Jeder Teil hat die Hälfte der Kosten zu tragen. Dadurch erspart Hitzig einen Teil der Wohnungs- und Haushaltungskosten, bestreitet also teilweise seinen Lebensunterhalt durch diesen Zuschuß der Schneider. Zweifelsohne ist ein gemeinsames Zusammenleben zweier Personen billiger, als wenn jeder Teil für sich selbständig wohnen und leben würde. Unbeachtlich ist, daß Hitzig eine Zeitlang mehr als die Hälfte der Kosten trug, da die Schneider sowohl am Anfang des Zusammenlebens wie auch nach der Auseinandersetzung tatsächlich die Hälfte der Lebenshaltung bestritten hat. Hitzig handelt dabei in bewußter Ausbeutung der Schneider als Erwerbsquelle.

b) Ferner macht sich Hitzig eines Vergehens des Hausfriedensbruches nach § 123 II RStGB. schuldig. Er dringt mit einem andern gemeinschaftlich in die Wohnung der Schneider ein, wobei er überdies noch ein feststehendes Messer, das als Waffe im Sinne des § 123 II zu gelten hat, bei sich führt. Sein Eindringen ist widerrechtlich, da er die früher gemeinsame Wohnung durch sein Verlassen aufgegeben hat.

c) Durch das Eindringen mit dem im Griffe feststehenden Messer macht sich Hitzig entweder eines versuchten Vergehens der gefährlichen Körperverletzung nach §§ 223a I, 43 RStGB. oder eines versuchten Verbrechens des Totschlages nach §§ 212, 43 RStGB. schuldig. Ob das eine oder andere anzunehmen ist, läßt der Tatbestand nicht mit Sicherheit erkennen. Es hängt dies davon ab, auf welche Tat der Vorsatz gerichtet war.

Versuch nach § 211 RStGB. scheidet auf alle Fälle aus, da es an der Überlegung mangelt; ebenso § 241 RStGB. Bedrohung besteht in der Ankündigung eines Verbrechens, Hitzig hat jedoch bereits mit Ausführungshandlungen begonnen. Gegen die Flut von beleidigenden Schimpfworten war zwar Hitzig zu Notwehrhandlungen berechtigt; keineswegs aber durfte er diese Beleidigungen durch Eindringen mit feststehendem Messer abzuwehren suchen.

Die Taten des Hitzig unter a, b und c stehen unter sich in Realkonkurrenz (§ 74 RStGB.).

2. Peters macht sich in Mittäterschaft (§ 47 RStGB.), der gleichen Straftaten wie Hitzig unter 1 b und c schuldig.

Zu 1 und 2. Die Verfolgung des Hausfriedensbruches tritt nur auf Antrag ein. Ein solcher ist jedoch nicht gestellt. Im übrigen ist eine Strafverfolgung überhaupt nicht möglich, weil die beiden Täter nicht mehr am Leben sind.

3. Schade macht sich schuldig:

a) Eines Vergehens der Zuhälterei nach § 181a I RStGB. Er gewährt der Lohndirne Schneider bei Ausübung ihres unzüchtigen Gewerbes wirksamen Schutz. Er tut dies gewohnheitsmäßig und aus Eigennutz. Letzterer besteht in der Erlangung des kostenlosen Beischlafes (RG. Bd. 16, 56).

b) Eines fortgesetzten Verbrechens der räuberischen Erpressung (§§ 253, 255, 249 RStGB.). Er droht den jeweils bei der Schneider sich befindlichen Männern mit Tätlichkeiten (Drohung mit gegenwärtiger Gefahr für Leib oder Leben) und erreicht auf diese Weise die Hingabe eines größeren Geldbetrages als des sonst üblichen. Er tut dies in der Absicht, sich und der Schneider einen rechtswidrigen Vermögensvorteil zu verschaffen.

Das Behalten des Restes des erpreßten Geldes ist straflose Nachtat. Es ist der Schneider gegenüber weder Unterschlagung, sie hat ja weder Eigentum daran erworben noch hat sie einen Anspruch auf den Mehrbetrag, noch Betrug, da es an der Vermögensdisposition auf seiten der Schneider fehlt.

c) Eines Vergehens der Beleidigung nach § 185 RStGB., dadurch, daß er den Hitzig mit einer Flut von Schimpfworten empfing. Eine Notwehrhandlung gegen den von Hitzig begangenen Hausfriedensbruch kann darin nicht erblickt werden, da dieser mit dem Eindringen vollendet war, ein gegenwärtiger Angriff also nicht mehr vorlag. Strafverfolgung tritt jedoch nur auf Antrag ein, der nicht gestellt ist (§ 194 RStGB.).

d) Eines Verbrechens des Mordes, begangen durch die Erschießung des Hitzig, nach § 211 RStGB. Er handelt nach vorgefaßtem Plane mit voller Überlegung. In Notwehr befindet sich Schade nicht. Schade hat in verbrecherischer Absicht den Angriff des Hitzig absichtlich provoziert und sich damit selbstschuldhaft in den Notwehrzustand versetzt. In einem solchen Fall kann von einem Angriff keine Rede sein. Der „Angreifer" ist dann nur mittelbarer Täter, dessen sich der Provozierende zur Vollendung der von ihm beabsichtigten Tat (Tötung des Provozierten) bedient. Siehe Ebermayer Anm. 4 zu § 53 RStGB.

Dem Peters gegenüber trifft dies jedoch nicht zu. Der Plan und die Beschimpfungen waren gegen Hitzig gerichtet. Durch die Beschimpfungen seines Freundes wurde zwar Peters zum Angriff gereizt, dieser bleibt aber dennoch ein rechtswidriger, so daß ihm Peters gegenüber Schade in Notwehr gehandelt hat.

e) Eines Vergehens nach § 25 Nr. 1 und 2 Schußw. u. Munit.-Ges.

Die Straftaten des Schade stehen sämtlich unter sich in Realkonkurrenz (§ 74 RStGB.).

4. Die Schneider macht sich schuldig:

a) Eines Vergehens des Betrugs nach § 263 RStGB. Durch die Vorspiegelung ihre Einnahmen seien zu gering, um die Hälfte der gemeinsamen Kosten tragen zu können, erregt sie in Hitzig einen Irrtum, auf Grund dessen dieser veranlaßt wird, mehr als die Hälfte der gemeinsamen Kosten zu tragen.

Um diesen Mehrbetrag ist Hitzig geschädigt. Die Schneider handelte in der Absicht, sich einen Vermögensvorteil zu verschaffen. Derselbe ist rechtswidrig, da sie auf denselben keinen Anspruch hat.

b) Eines Vergehens der Anstiftung zu einem Vergehen des verbotenen Waffentragens nach § 25 Schußw. u. Munit.-Ges. (§ 48 RStGB.). Schade hat den Revolver auf Anraten der Schneider erworben.

c) Eines Verbrechens der Anstiftung zu einem Verbrechen des Mordes (§§ 211, 48 RStGB.). Sie hat in Schade unter Ausnützung ihres Verhältnisses zu diesem den Entschluß hervorgerufen, den Hitzig zu reizen und ihn dann niederzuschießen.

Die Straftaten der Schneider unter a bis c stehen unter sich in Realkonkurrenz (§ 74 RStGB.).

II.

Durch die versehentlich nicht mitverkündete Aberkennung der bürgerlichen Ehrenrechte ist das Urteil noch nicht vollständig verkündet. Ein solcher versehentlich nicht mitverkündeter Teil des Urteils kann innerhalb der einwöchigen Frist des § 268 I RStPO. nachträglich verkündet werden (RG. Bd. 15, 271).

Juristische Universitätsschlußprüfung 1929/30.

Aufgabe I.

Eigentümer des Anwesens Hs.-Nr. 3 ist Gruber geworden (§ 873 BGB.). Mit dem Übergang des Eigentums an ihn ist er zugleich Hypothekenschuldner (dinglicher Schuldner) geworden. Das persönliche Schuldverhältnis zwischen Schuler und seinen Gläubigern (AG. Industriebank, Aumüller) wird vorerst dadurch nicht berührt. Zur Erfüllung seiner Verbindlichkeiten aus dem Kaufvertrag hat sich aber Gruber dem Schuler gegenüber zur Übernahme dieser Forderungen in Anrechnung auf den Kaufpreis verpflichtet. Dies ist eine Schuldübernahme nach §§ 414ff. BGB., die zu ihrer Wirksamkeit gegenüber den Gläubigern deren Genehmigung bedarf. Diese Genehmigung ist von der AG. Industriebank erteilt, von Aumüller verweigert. Gruber ist also hinsichtlich der Industriebank sowohl Hypotheken- wie persönlicher Schuldner geworden, während er Aumüller gegenüber nur Hypothekenschuldner ist. Persönlicher Schuldner des Aumüller bleibt nach wie vor Schuler. Im Verhältnis Schuler-Gruber ist letzterer aber trotzdem zur Befriedigung des Aumüller verpflichtet (§ 415 III BGB.).

Aus dem erzielten Versteigerungserlös von 25500 Mark wird an erster Stelle die AG.-Industriebank Felden mit 12000 Mark befriedigt (§ 11 ZVG., § 879 BGB.). Von der an zweiter Rangstelle stehenden Hypothek von 7500 Mark hat der persönliche Schuldner Schuler dem Gläubiger Aumüller 2500 Mark zurückbezahlt. In dieser Höhe ist die Hypothek auf Schuler übergegangen, da er in dieser Höhe von Gruber Ersatz verlangen kann (§§ 1164, 415 III BGB.). An zweiter Stelle wird daher Aumüller mit 5000 Mark, an dritter Stelle Schuler mit 2500 Mark befriedigt (§ 11 ZVG., §§ 879, 1176 BGB.). An vierter Rangstelle kommt die Briefhypothek mit 5000 Mark zum Zuge (§ 11 ZVG., §§ 883 III, 879 BGB.). Für diese Hypothek wurde zunächst nur eine Vormerkung zur Sicherung des Anspruchs auf Hypothekeneinräumung eingetragen (§ 883 I BGB.). Zwar wurde vor Vollzug der Briefhypothek eine Sicherungshypothek für Waldmann eingetragen, dennoch geht die später zur Eintragung gelangte Briefhypothek der Sicherungshypothek im Range vor, da sich nach § 883 III BGB. der Rang der Briefhypothek nach der Eintragung der Vormerkung bestimmt.

Hypothekengläubiger ist Eder. Die Hypothek wurde bestellt für Berchtold. Durch Eintragung desselben und durch die Vereinbarung, daß Berchtold berechtigt sein solle, sich den Hypothekenbrief vom Grundbuchamt aushändigen zu lassen, hat er die Hypothek erworben (§ 1117 II BGB.). Die nachfolgende Übergabe des Briefes durch Gruber ist für den Hypothekenerwerb demnach nicht mehr erforderlich. Zum Erwerb der Hypothek durch Cramer ist Erteilung einer schriftlichen Abtretungserklärung und Übergabe des Hypothekenbriefes erforderlich (§ 1154 BGB.). Die Übergabe des Hypothekenbriefes ist nicht erfolgt. Der Brief wurde vielmehr ohne Wissen des Berchtold vom Sohne des Cramer weggenommen. Ein Übergabesurrogat nach §§ 1154, 1117, 929, 930, 931 BGB. liegt ebenfalls nicht vor. Cramer ist somit mangels Übergabe des Briefes trotz des Besitzes desselben nicht Hypothekengläubiger geworden. § 1117 III BGB. ist nur eine Vermutung für die Übergabe. Es ist dies eine Umkehrung der Beweislast, die keine materiell rechtliche, sondern nur prozessuale Bedeutung hat (vgl. § 292 ZPO.). Dorn dagegen wird Hypothekengläubiger. Er erwirbt zwar die Hypothek von einem Nichtberechtigten, da er aber gutgläubig ist, gilt für ihn nach §§ 1155, 892 BGB. Cramer wie ein im Grundbuch eingetragener Hypothekengläubiger. Das Gläubigerrecht des Cramer als Besitzer des Briefes ergibt sich nämlich aus der auf den im Grundbuch eingetragenen Gläubiger (Berchtold) zurückgehenden öffentlich beglaubigten Abtretungserklärung (§§ 1154, 129 BGB.). Die Hypothek ist dann durch Erteilung einer schriftlichen Abtretungserklärung und Übergabe des Briefes auf Eder übergegangen (§ 1154 BGB.). Die Übergabe des Briefes erfolgte in der Form des § 931 BGB., was nach §§ 1154, 1117 BGB. die Übergabe ersetzt. Privatschriftliche Abtretungserklärung ist nach § 1154

BGB. genügend. Daß Eder von der Art des Erwerbes durch Cramer zur Zeit der Abtretung an sich Kenntnis hatte, ist unbeachtlich. Er hat von einem gutgläubigen Erwerber erworben und erlangt daher die Hypothek trotz Kenntnis des wahren Sachverhaltes (JW. 1928, 1367). Eder wird deshalb an vierter Stelle mit 5000 Mark befriedigt (§ 11 ZVG., § 879 BGB.).

An fünfter Rangstelle wird die Sicherungshypothek befriedigt (§ 11 ZVG., § 879 BGB.). Waldmann erhält aber nur Befriedigung in Höhe von 500 Mark. Durch die Zurückzahlung von 300 Mark durch Gruber bestimmt sich sein Recht aus der Hypothek nur noch nach der bestehenden Forderung von 500 Mark. Auf die Eintragung im Grundbuch kann sich der Gläubiger einer Sicherungshypothek nicht berufen, er muß das Bestehen der Forderung auf andere Weise dartun (§ 1184 I BGB.). Durch die Zurückzahlung der 300 Mark ist die Forderung in dieser Höhe erloschen (§ 362 BGB.). Gruber erwirbt nach § 1163 I, 2 BGB. als Eigentümer die Hypothek, die sich nach § 1177 BGB. in eine Grundschuld verwandelt. Er wird damit im Range nach Waldmann mit 300 Mark befriedigt (§ 1176 BGB.).

Den noch verbleibenden Rest von 200 Mark aus dem Versteigerungserlös erhält der Kaufmann Steiner. Seine Hypothek ist wirksam entstanden. Bereits vor Konkurseröffnung wurde die Hypothek bestellt und der Antrag auf Eintragung derselben beim Grundbuchamt eingereicht unter gleichzeitiger Vorlage einer notariell beglaubigten Eintragungsbewilligung. Der Antrag auf Einschreibung des Versteigerungsvermerkes wurde erst später gestellt. Maßgebend für die Eintragungen ins Grundbuch ist die Reihenfolge der gestellten Anträge (§ 46 GO.). Auch darf, wenn durch mehrere Eintragungen das gleiche Recht betroffen wird, die später beantragte Eintragung nicht vor Erledigung des früher gestellten Antrages erfolgen (§ 17 GO.).

Aufgabe II.

I.

Dem Antrag auf Versäumnisurteil kann, muß aber nicht stattgegeben werden. Nach § 124 HGB. kann eine off. HG.

unter ihrer Firma klagen und verklagt werden. Zur Vertretung der Gesellschaft ist nach § 125 HGB. grundsätzlich jeder Gesellschafter ermächtigt, es sei denn, daß er durch den Gesellschaftsvertrag von der Vertretung ausgeschlossen ist. In vorliegendem Falle ist der Gesellschafter Heinrich Schütze allein zur Vertretung berechtigt, Ludwig Schütze ist dadurch von derselben ausgeschlossen. Nach § 126 HGB. umfaßt die Vertretungsmacht auch alle gerichtlichen Geschäfte und Rechtshandlungen. Da im Termin nur Ludwig Schütze erscheint, ist die Gesellschaft nicht vertreten. Ludwig Schütze könnte nur auf Grund schriftlicher Vollmacht den Termin wahrnehmen (§§ 79, 80 ZPO.). Eine solche Vollmacht besitzt er nicht. Es kann also grundsätzlich gegen die säumige Gesellschaft auf Antrag Versäumnisurteil ergehen (§ 331 ZPO.). Diesem Antrag muß das Gericht allerdings nicht stattgeben. Es kann nach § 89 ZPO. den Ludwig Schütze gegen oder ohne Sicherheitsleistung zur Prozeßführung unter gleichzeitiger Bestimmung einer Frist zur Beibringung einer Vollmacht einstweilen zulassen. Die off. HG. gilt dann als durch Ludwig Schütze vertreten. Ein Versäumnisurteil kann dann nicht ergehen.

Das Vorbringen des Ludwig Schütze, es liege eine notwendige Streitgenossenschaft vor, ist unrichtig. Voraussetzung dafür wäre, daß die Gesellschaft und die Gesellschafter aus einer Gesellschaftsschuld gemeinsam verklagt würden und allen die gleichen Einwendungen zustünden. Denn nur in diesem Falle könnte allen gegenüber das streitige Rechtsverhältnis einheitlich festgestellt werden (§ 62 ZPO.). In vorliegendem Falle ist nur ein Prozeß gegen die Gesellschaft anhängig. Auch hat Ludwig Schütze andere Einwendungen (Aufrechnung) als die Gesellschaft und der andere Gesellschafter.

II.

Die Klage darf nicht abgewiesen werden. Die Aufrechnung mit der dem Ludwig zustehenden Forderung ist nicht zulässig. Es fehlt an der nach § 387 BGB. notwendigen Gegenseitigkeit. Nach § 129 HGB. kann zwar ein Gesellschafter Einwendungen, soweit sie von der Gesellschaft erhoben werden können, geltend machen, nicht aber umgekehrt (arg. e contr.). Auch im Hinblick auf Art. 82 WO. ist eine Aufrechnung unstatthaft, da es sich im vorliegenden Falle um eine Wechselschuld handelt. Wechselschuldnerin (Vertragspartei) ist die Gesellschaft, nicht die einzelnen Gesellschafter, wenn diese nach § 128 HGB. auch für die Gesellschaftsverbindlichkeiten als Gesamtschuldner haften. Der Verzicht auf die Forderung gegenüber Ludwig Schütze hat auf den Prozeß keinen Einfluß, insbesondere kann der Kläger mit seinem Anspruch auf Antrag nach § 306 ZPO. nicht abgewiesen werden, da der Verzicht gegenüber einem nicht am Prozeß Beteiligten und nur diesem gegenüber erklärt wurde. Auch gegenüber Ludwig Schütze hat er nicht die Wirkung eines prozessualen Verzichtes. Da Ludwig Schütze nicht am Prozeß beteiligt ist, kann er diesem gegenüber vielmehr nur als materieller Verzicht gewertet werden, der zu seiner Wirksamkeit — im Gegensatz zum prozessualen Verzicht — der Genehmigung durch den Gegner bedarf und bis zu dieser jederzeit zurückgenommen werden kann.

III.

Der Gerichtsvollzieher durfte die Pfändung nicht vornehmen. Die Zwangsvollstreckung findet statt aus rechtskräftigen oder für vorläufig vollstreckbar erklärten Endurteilen (§ 704 ZPO.). Sie darf nur für und gegen die in dem Urteil oder der beigefügten Vollstreckungsklausel namentlich bezeichneten Personen stattfinden (§ 750 ZPO.). Der Gerichtsvollzieher hat nur eine gegen die Gesellschaft gerichtete vollstreckbare Urteilsausfertigung in Händen. Aus diesem Schuldtitel darf, abgesehen von der Vorschrift des § 750 ZPO., die Zwangsvollstreckung nur in das Gesellschaftsvermögen vorgenommen werden (§ 129 IV HGB.). Gegen die trotzdem vorgenommene Pfändung stehen den Eheleuten Schütze die Erinnerungen gegen die Art und Weise der Zwangsvollstreckung nach § 766 ZPO. zu, da der Gerichtsvollzieher Verfahrensvorschriften nicht beachtet hat. Daneben können die Eheleute mit der Interventionsklage aus § 771 ZPO. vorgehen. Sie sind Dritte im Sinne des § 771 ZPO., da sie nicht Vollstreckungsschuldner sind. Die Ehefrau bedarf zur gerichtlichen Geltendmachung ihrer Rechte nicht der Zustimmung ihres Mannes

(§ 1407 Nr. 4 BGB.). Dieser ist daneben allerdings zu selbständigem Handeln befugt, auch soweit die zum eingebrachten Gut gehörenden Möbel dadurch betroffen werden (§ 1380 Satz 1 BGB.). Unter der Voraussetzung, daß die Zwangsvollstreckung gegen Ludwig Schütze statthaft gewesen wäre, durfte der Gerichtsvollzieher die Möbel auch gegen den Widerspruch der Frau pfänden. Nach § 808 ZPO. genügt es, daß sich die Sachen im Gewahrsam des Schuldners befinden. Ob sie auch tatsächlich dessen Eigentum sind, braucht der Gerichtsvollzieher nicht nachzuprüfen. Er wird nur dann von der Pfändung Abstand zu nehmen haben, wenn es offensichtlich ist, daß die Gegenstände im fremden Eigentum stehen. Ob die vorgelegten Papiere zu diesem Nachweise ausreichen, ist Tatfrage.

Aufgabe III.

Ob sich A, B und C durch das Wegnehmen der Bremsklötze usw. eines Vergehens des Diebstahls schuldig gemacht haben, ist fraglich. Es hängt dies davon ab, ob Zueignung im Sinne des § 242 RStGB. gegeben ist. Zueignung ist Zuführung des Sachwertes einer Sache in das Vermögen des Täters. Bloße Gebrauchsabsicht dagegen (furtum usus) genügt nicht. Ob das eine oder das andere vorliegt, mag nach dem gegebenen Sachverhalt zweifelhaft erscheinen, wenn dieser auch mehr für einen straflosen furtum usus spricht. Bei Bejahung der Zueignung liegt nur ein einfacher Diebstahl nach § 242 RStGB., nicht ein schwerer nach § 243 Nr. 2 RStGB. vor. Ein Güterbahnhof kann zwar ein umschlossener Raum im Sinne der Nr. 2 sein. Zur Annahme eines schweren Diebstahls wäre aber dann noch ein Wegnehmen mittels Einbrechens oder Einsteigens erforderlich. Darüber enthält der Sachverhalt nichts Näheres. Das Zurücktragen eines Teiles der Gegenstände durch C ist für diesen kein Rücktritt nach § 46 RStGB., da es sich nicht um einen beendigten Versuch, sondern bereits um ein vollendetes Vergehen handelt.

1. A macht sich schuldig:

a) Eines Verbrechens der vorsätzlichen Eisenbahntransportgefährdung rechtlich zusammentreffend mit einem versuchten

Verbrechen des schweren Raubes (§§ 315, 250 Nr. 3, 249, 43, 73 RStGB.).

Durch das Befestigen eines Hemmschuhes mittels eines durchgesteckten Schraubenschlüssels und das Dazulegen eines Bremsklotzes bereitet A auf der Fahrbahn ein Hindernis, das geeignet ist den über diese Stelle fahrenden Zug zu gefährden oder das eine solche Gefährdung möglich erscheinen läßt. A handelt vorsätzlich, denn er ist sich dieser Gefährdung des Zuges bewußt und billigt sie. Daß der Geleisräumer der Lokomotive die Hemmnisse erfaßt und beiseite geschleudert hat, so daß der Zug über die Stelle ohne Schaden glatt hinwegfuhr, rechtfertigt nicht die Annahme eines Versuches. Der § 315 RStGB. ist ein Gefährdungsdelikt, es kommt daher nicht auf den Erfolg, sondern einzig auf die Gefährdung an. Eine solche aber war gegeben; denn nach der Meinung der Sachverständigen wurden die Hemmnisse wie durch ein Wunder beiseite geschleudert. Gleichzeitig ist das Befestigen der Hindernisse Anwendung von Gewalt im Sinne des § 249 RStGB. Erforderlich ist hiernach allerdings Anwendung von Gewalt gegen Personen. Wenn im gegebenen Fall unmittelbar auch nur auf den fahrenden Zug eingewirkt wurde, so wurden und sollten dadurch doch mittelbar die mitfahrenden Personen betroffen werden. Es sollten durch das Entgleisen des Zuges die Beamten in Mitleidenschaft gezogen und kampfunfähig gemacht werden. Unbeachtlich ist dabei, daß Anwendung von Gewalt und Wegnahme der Gegenstände nicht gleichzeitig, sondern nacheinander erfolgen sollten. Es genügt, daß die Nötigung die Wegnahme der Gegenstände ermöglichen sollte. Da das Verbrechen auf einer Eisenbahn ausgeführt werden sollte, kommt die schwere Strafdrohung des § 250 Nr. 3 RStGB. zur Anwendung. Das Verbrechen gelangte nicht zur Vollendung. Es blieb vielmehr bei einem Versuch. Transportgefährdung und Raubversuch stehen in Idealkonkurrenz (§ 73 RStGB.).

Um zu einer erfolgreichen Durchführung des Planes zu gelangen, ist es nach der Meinung des A notwendig, daß die Beamten im Post- und Packwagen, wenn auch nicht getötet, so doch abwehrunfähig gemacht würden. Für sich allein betrachtet würde diese Meinung des A zweifelsohne die Annahme eines Tötungsvorsatzes in der Form des dolus eventualis rechtfertigen, zumal er dem C gegenüber sagte, „man dürfe nicht sentimental sein usw.“. Dem A muß jedoch das ganze vor der Tat geführte Gespräch zugute gerechnet werden. Der Ausspruch des B „so schlimm brauche und werde es nicht werden“, läßt nur die Annahme eines Körperverletzungsvorsatzes gerechtfertigt erscheinen. Es liegt also kein Mordversuch, sondern lediglich ein strafloser Versuch der Körperverletzung vor.

b) Eines Verbrechens der vorsätzlichen Transportgefährdung nach § 315 II letzter Halbsatz RStGB. rechtlich zusammentreffend mit je einem Vergehen der Zerstörung einer Eisenbahn nach § 305 RStGB. und eines versuchten Verbrechens des Raubes nach §§ 251, 250 Nr. 3, 249, 43 rechtlich zusammentreffend mit drei unter sich gleichartig ideell konkurrierenden Verbrechen des Mordes nach § 211 RStGB.

Für die Frage der Gefährdung der Eisenbahn gilt das unter a Ausgeführte. Bei der durch diese Gefährdung verursachten Entgleisung des Zuges sind drei Menschen getötet worden. Um die Entgleisung herbeizuführen hat A den Schienenstrang vom Unterbau völlig losgelöst und dadurch eine Eisenbahn teilweise zerstört. Eine Zerstörung ist gegeben, da die Bahn nicht mehr betriebsfähig ist. Durch diese Handlung wollte A die Möglichkeit schaffen, aus dem entgleisten Zuge rauben zu können. Über das Vorliegen von Gewalt im Sinne der §§ 249ff. RStGB. siehe oben unter a. Die Gewalt (Tatbestandsmerkmal des Raubes) wurde ausgeübt auf einer Eisenbahn. Dadurch sind Menschen ums Leben gekommen, daher die Erschwerung nach §§ 250 Nr. 3, 251 RStGB. Zu einer Wegnahme von Sachen kam es nicht; es liegt mithin nur Versuch vor. Ob deshalb, weil sie nicht zu plündern wagten, ein Rücktritt nach § 46 Nr. 1 RStGB. vorliegt, kann aus dem gegebenen Sachverhalt nicht eindeutig entnommen werden. Wagten sie es nicht, lediglich aus Furcht vor Entdeckung, obwohl sie die Ausführung für möglich hielten, dann ist ihr Rücktritt ein freiwilliger. Wagten sie es aber deshalb nicht, weil sie fürchteten an der Vollendung gehindert zu werden, so ist ihr Rücktritt ein unfreiwilliger (RG. Bd. 16, 152). Im letzteren Fall keine Straflosigkeit nach § 46 Nr. 1 RStGB.

Im Gegensatz zu a muß hier der Tötungsvorsatz bejaht werden. Der Sachverhalt enthält zwar bei dem zweiten Anschlag auf den Zug keinerlei Angaben darüber, was sich A und B nach dem Mißlingen des ersten Anschlages dachten. Mit zwingender Notwendigkeit muß aber aus der ganzen Art und Weise ihres neuerlichen Vorgehens (völlige Loslösung des Schienenstranges vom Unterbau) gefolgert werden, daß sie mit der Möglichkeit rechneten, es werden bei der Entgleisung des fahrenden Zuges Menschen ums Leben kommen und sie diese Möglichkeit auch billigten. Der Ausspruch des B, „so schlimm brauche und werde es nicht werden, der Zug werde einfach mit einem Ruck stehen bleiben usw.", kann nur für den ersten Anschlag gewertet werden, wo lediglich ein Hemmschuh und Bremsklotz die Hindernisse bildeten. Nach dem Mißlingen des ersten Anschlages griffen sie zur Erreichung ihres Zweckes zu wirksameren Mitteln und nahmen dabei auch die schlimmeren Folgen mit in Kauf.

Sämtliche unter b aufgeführten Straftaten des A stehen in Idealkonkurrenz (§ 73 RStGB.). Die unter a und b aufgeführten in Realkonkurrenz (§ 74 RStGB.).

2. B macht sich wie A sämtlicher unter 1 a und b aufgeführten Straftaten in Mittäterschaft schuldig (§ 47 RStGB.).

3. Das Herbeitragen der Gegenstände für das geplante Unternehmen ist noch keine Ausführungshandlung, sondern dient lediglich zur Vorbereitung. C ist daher — den Diebstahl ausgenommen — an dem weitern Tun des A und B nicht beteiligt und da es sich bei dem beabsichtigten Unternehmen um ein gemeingefährliches Verbrechen handelt nach § 139 RStGB. zur Anzeige verpflichtet. Dieser Anzeigepflicht ist er nicht rechtzeitig nachgekommen und ist, da die gemeingefährlichen Verbrechen begangen wurden nach § 139 RStGB. strafbar. Der von ihm begangene Diebstahl steht damit in Realkonkurrenz (§ 74 RStGB.).

II.

A hat zwei Revisionsrügen erhoben. Die erste Rüge, daß Prozeß und Aburteilung gegen ihn und B hätte gemeinsam erfolgen müssen, kann die Revision nicht begründen. Es ist zwar ein Zusammenhang nach § 3 zweiter Halbs. RStPO. gegeben. Dies ist aber kein Hindernis für eine getrennte Aburteilung, da nach § 4 RStPO. selbst nach Eröffnung der Untersuchung Trennung verbundener Strafsachen möglich ist. Die zweite Rüge dagegen greift durch. Die Ablehnung eines Beweisantrages ist möglich nach § 244 II RStPO. Über die näheren Voraussetzungen siehe III. Aufgabe Nr. II, Schlußpr. 1924/25. Keine dieser Voraussetzungen ist im vorliegenden Falle gegeben. Insbesondere ist die Beweistatsache durch die vorliegende Urkunde nicht offenkundig unwahr und es kann die Vernehmung des Lazarettarztes nach § 250 RStPO. nicht durch das Verlesen der Militärpapiere ersetzt werden. Außerdem ist der Beweisantrag nicht nur auf die Dauer des Lazarettaufenthaltes, sondern auch noch auf andere Tatsachen (Gasvergiftung, Nervenzusammenbruch) gerichtet. Die Verteidigung ist daher in unzulässigerweise beschränkt worden, was nach § 338 Nr. 8, § 337 RStPO. einen absoluten Revisionsgrund darstellt.

Die Revision des C ist unzulässig, da eine solche nur auf eine Gesetzesverletzung gestützt werden kann (§ 337 RStPO.).

Juristische Universitätsschlußprüfung 1930/31.

Aufgabe I.

I.

Voll ist Eigentümer des Rades geworden (§ 929 BGB., § 383 HGB.). Die Meinung, das Rad des Voll sei gestohlen, ist belanglos. Es kommt nur auf die objektive Tatsache des Gestohlenseins oder Nichtgestohlenseins an.

II.

1. Der Wirt Zech hat an dem von Karl Voll hinterlassenen Rad ein Pfandrecht nach §§ 1204ff. BGB. Zur Bestellung eines Pfandrechtes ist nach § 1205 BGB. erforderlich, daß der Eigentümer die Sache dem Gläubiger übergibt und beide darüber einig sind, daß dem Gläubiger das Pfandrecht daran zustehen soll. Karl Voll ist zwar nicht Eigentümer des Fahrrades, da er durch die Schenkung das Eigentum daran seinem Bruder Albert übertragen hat. Der Wirt erwirbt aber trotzdem ein Pfandrecht an dem Fahrrad, da die Vorschriften des gutgläubigen Erwerbes auf die Verpfändung einer Sache entsprechend Anwendung finden (§§ 1207, 932 BGB.).

2. Ohne Verpfändung könnte der Wirt nur nach § 704 BGB. ein Pfandrecht an dem Fahrrad erlangt haben. Das Fahrrad ist eine eingebrachte Sache, an welchem er als Gastwirt für seine Forderungen für Wohnung und andere dem Gast zur Befriedigung seiner Bedürfnisse gewährten Leistungen ein gesetzliches Pfandrecht erwirbt. Ein solches Pfandrecht ist aber nur möglich an dem im Eigentum des Gastes stehenden eingebrachten Sachen. Das Rad ist aber nicht Eigentum des Karl Voll, sondern steht im Eigentum seines Bruders Albert. Der Wirt hat also an dem Rad kein Pfandrecht nach § 704 BGB. erworben. Selbst wenn das Rad jedoch Eigentum des Karl Voll wäre, müßte ein Pfandrecht nach § 704 BGB. verneint werden, weil dem Gastwirt für ein dem Gaste gegebenes Darlehen ein Pfandrecht an den eingebrachten Sachen selbst dann nicht zusteht, wenn der Gast mit dem

erhaltenen Darlehen seine Gasthausschuld bezahlen würde.

3. Die Bürgschaftserklärung des Max Jung ist in der Form der §§ 766, 126 BGB. abgegeben. Da jedoch Max Jung am 4. September noch nicht volljährig ist, ist der Bürgschaftsvertrag schwebend unwirksam und bedarf zu seiner vollen Wirksamkeit der Genehmigung des gesetzlichen Vertreters des Minderjährigen (§ 108 I BGB.). Der Vater als gesetzlicher Vertreter seines Sohnes (§§ 1630, 1627 BGB.) hat am 8. September seine Zustimmung zu dem von seinem minderjährigen Sohne abgeschlossenen Vertrage versagt. Damit bleibt der bisher schwebend unwirksame Vertrag endgültig unwirksam. Die telefonische Erklärung des Max Jung, sein Wort zu halten, vermag diesen unwirksamen Vertrag nicht mehr aufleben zu lassen. Es wäre ein neuer in der Form der §§ 766, 126 BGB. geschlossener Bürgschaftsvertrag nötig. Hätte der Vater in Beziehung auf den Bürgschaftsvertrag noch keine Erklärung abgegeben, dann könnte der Sohn nach § 108 III BGB. den schwebend unwirksamen Vertrag nach Erlangung der Volljährigkeit selbst genehmigen. Für diese Erklärung ist nach § 182 II BGB. Schriftlichkeit nicht erforderlich.

III.

Schadensersatzansprüche des Voll und des Jung gegen den Gastwirt sind nur gegeben, wenn dem Wirt bzw. seinem Erfüllungsgehilfen ein Verschulden zur Last fällt. Als Pfandgläubiger ist der Wirt zur Verwahrung des verpfändeten Rades verpflichtet (§ 1215 BGB.). Er hat nach § 276 BGB. Vorsatz und Fahrlässigkeit zu vertreten. Vorsatz scheidet ohne weiteres aus. Ebensowenig handelt er fahrlässig, da er durch die Aufbewahrung in der verschlossenen Garage der im Verkehr erforderlichen Sorgfalt genügt hat. Eine weitergehende Haftung nach § 701 BGB. scheidet aus. Es liegt vielmehr ein nach Beendigung des Gastverhältnisses abgeschlossener Verwahrungsvertrag vor. Ein solcher Verwahrungsvertrag gilt mit Rücksicht auf das vorhergegangene Gastverhältnis nicht ohne weiteres als unentgeltlich abgeschlossen, auch wenn keine besondere Vergütung vereinbart wird. Der Wirt haftet daher nicht aus § 690 BGB., sondern nach § 276 BGB. für jedes

Verschulden (Seufferts Arch. 78, 130). Auch hier liegt weder Vorsatz noch Fahrlässigkeit auf seiten des Wirtes vor. Ein Schadensersatzanspruch ist mithin nicht begründet.

IV.

Ein gültiges Pfandrecht an dem Fahrrad ist nicht entstanden. Die nach § 1205 zur Pfandbestellung erforderliche Übergabe kann zwar nach § 1206 BGB. durch Einräumung des Mitbesitzes ersetzt werden, indem die Sache unter Mitverschluß des Gläubigers gestellt wird. Zum Wesen des Mitverschlusses ist jedoch erforderlich, daß der Zugang zur Pfandsache nur durch Zusammenwirken des Pfandgläubigers und des Eigentümers möglich ist. Im vorliegenden Fall hat sowohl Kurz wie auch Jung die Möglichkeit, unabhängig voneinander zur Pfandsache zu gelangen. Das Pfandrecht wäre wirksam, wenn zwei verschiedene Schlüssel und Schlösser vorhanden wären (§ 1206 BGB.).

Aufgabe II.

I.

1. Der Kaufmann Maier betreibt sein Handelsgeschäft unter der Fa. Eduard Sachs. Unter dieser Fa. kann er nach § 17 HGB. klagen und verklagt werden.

2. Die Klage durfte nach § 32 ZPO. in Fürth erhoben werden. § 32 ZPO. regelt den Gerichtsstand aus unerlaubten Handlungen. Der Begriff der unerlaubten Handlung umfaßt bei sinngemäßer Anwendung des BGB. auch die Gefährdungshaftung nach KraftfG. Die gleiche Zuständigkeit ergibt sich auch aus § 20 KraftfG. Dieser Gerichtsstand ist kein ausschließlicher. Es kann daher auch beim allgemeinen Gerichtsstand geklagt werden. Dieser richtet sich nach dem Wohnsitz des Beklagten (§ 12 f. ZPO.). Es kann daher auch in Nürnberg geklagt werden.

II.

1. Nach § 66 ZPO. ist die Nebenintervention dann zulässig, wenn der Nebenintervenient ein rechtliches Interesse an dem Obsiegen einer Partei hat. Diese Voraussetzung ist im vorliegenden Falle gegeben; denn ein rechtliches Interesse ist stets vorhanden, wenn jemand einen Rückgriff von einer der Streits-

parteien besorgen muß. Auf Grund der zwischen der Fa. Ed. Sachs und der Versicherungsgesellschaft Securitas abgeschlossenen Haftpflichtversicherung ist die Securitas zur Zahlung der Unfallsumme stets verpflichtet, wenn der Versicherungsnehmer rechtskräftig verurteilt worden ist. Die Nebenintervention war daher zulässig.

2. Der Nebenintervenient ist nicht Partei, sondern nur Parteigehilfe. Als solcher ist er berechtigt Angriffs- und Verteidigungsmittel geltend zu machen und alle Prozeßhandlungen mit Wirksamkeit für die Partei vorzunehmen, sofern er sich nur dadurch nicht in Widerspruch mit dieser stellt. Er kann also auch mit Wirkung für die Partei Termine wahrnehmen und Säumnisfolgen abwenden (RG. Bd. 102, 303). Ein Versäumnisurteil gegen die Fa. Ed. Sachs kann daher nicht ergehen.

3. Zur Verweigerung der Aussage ist Dr. Netter nicht berechtigt. Ein Zeugnisverweigerungsrecht steht ihm nach § 383 Nr. 5 ZPO. nicht zu. Die Tatsachen, über die er als Zeuge aussagen soll, hat er zwar bei Ausübung seines ärztlichen Berufes erfahren. Die Schweigepflicht erstreckt sich aber nicht auf alle Tatsachen, die dem Arzte bei Ausübung seines Berufes mitgeteilt werden. Es müssen vielmehr ihrem Wesen nach Beziehungen zwischen den mitgeteilten Tatsachen und dem ärztlichen Berufe bestehen. Wo es sich aber lediglich um Mitteilungen handelt, die außerhalb der ärztlichen Behandlung stehen und jedem andern genau so gemacht werden konnten, fehlt es an diesem Zusammenhang. Das ist auch bei dem von Huber geschilderten Hergang des Unfalles der Fall. Für die ärztliche Behandlung ist diese Mitteilung völlig belanglos. Im übrigen könnte Dr. Netter nur darüber vernommen werden, daß ihm Huber den Hergang des Unfalles in der von dem Beklagten behaupteten Weise geschildert hat oder nicht. Nicht aber könnte er über den Hergang selbst vernommen werden. Inwieweit seine Aussage für die Entscheidung des Gerichtes von Bedeutung ist, liegt im Ermessen des Gerichtes (Grundsatz der freien Beweiswürdigung § 286 ZPO.).

4. Die Eideszuschiebung ist zulässig über Tatsachen, welche in Handlungen des Gegners, seines Rechtsvorgängers oder

Vertreters bestehen oder welche Gegenstand der Wahrnehmung dieser Personen gewesen sind (§ 445 ZPO.). Die Tatsache, über welche der Eid zugeschoben ist, besteht in einer Handlung des Getöteten. Der durch einen Unfall Getötete ist bei Klagen des mittelbar Geschädigten aus § 844 BGB. Rechtsvorgänger, dies insbesondere dann, wenn es sich um die Frage eigenen Verschuldens des Getöteten handelt (RG. Bd. 69, 186). Die Eideszuschiebung ist daher zulässig. Der Eid kann aber nur in der Überzeugungsform geleistet werden (§ 459 III ZPO.). Die Zulässigkeit der Eideszuschiebung durch den Nebenintervenienten ergibt sich aus § 67 ZPO.

III.

Auf Grund des Anerkenntnisses des Justizrats Emsig hat das Gericht auf Antrag des klägerischen Vertreters nach § 307 ZPO. dem Anerkenntnis gemäß ein Anerkenntnisurteil zu erlassen. Die Beweisanträge des Prozeßbevollmächtigten des Nebenintervenienten stehen dem nicht im Wege, da sie unberücksichtigt bleiben müssen. Nach § 67 ZPO. kann nämlich der Nebenintervenient Prozeßhandlungen nur insoweit vornehmen, als er sich dadurch nicht in Widerspruch mit der Partei stellt. Auch der § 17 der allgem. Vers.-Bedingungen, nach welchem Anerkenntnisse des Versicherungsnehmers der Zustimmung der Versicherungsgesellschaft bedürfen, hindert den Erlaß des Anerkenntnisurteils nicht. Er bezieht sich nur auf das Verhältnis des Versicherungsnehmers zu der Versicherungsgesellschaft und berechtigt letztere wegen Nichteinhaltung dieser Vertragsbestimmung eventuell zur Verweigerung der Auszahlung der Versicherungssumme.

IV.

Der Übergang des Handelsgeschäfts auf Müller hat auf den Verlauf des Prozesses keinen Einfluß. Zwar ist Maier unter seiner Firma verklagt, allein Beklagter ist nicht die Firma (diese hat ja keinerlei rechtliche Stellung), sondern Maier, wegen eines Unfalles, der im Betriebe seines Geschäftes sich ereignet hat. Schuldner ist Maier und bleibt es, auch wenn er sein Geschäft verkauft. Der Verkauf des Geschäftes hat nur die Wirkung, daß der Erwerber Müller, der das Geschäft unter der bisherigen Firma fortführt, nun neben Maier für die Erfüllung dieser Verbindlichkeit haftet (§ 25 I HGB.). Dies auch dann, wenn die Huber ihre Klage lediglich auf die Haftung des Halters des Fahrzeuges nach KraftfG. stützt, man also sagen könnte, Halter sei lediglich Maier und nicht Müller. Für die Haftung des Erwerbers aus § 25 HGB. ist es nämlich gleichgültig, auf welchem Rechtsgrund die Verbindlichkeit des früheren Inhabers beruht. Es genügt einzig und allein, daß die Verbindlichkeit im Betrieb des Geschäftes entstanden ist. Ein Eintritt des Müller in den Rechtsstreit nach § 265 ZPO. ist nicht möglich. Voraussetzung hiezu wäre, daß die im Streit befangene Sache veräußert oder der geltend gemachte Anspruch abgetreten würde. Streitbefangene Sache ist nicht das Geschäft, auch sind die von der Witwe Huber geltend gemachten Ansprüche nicht abgetreten worden. Es haftet lediglich, wie ausgeführt, Müller neben Maier für die Erfüllung der Verbindlichkeit. Es ist ein Schuldbeitritt kraft Gesetzes. Müller kann auch nicht nach den allgemeinen Bestimmungen als Hauptintervenient (§ 64 ZPO.) in den Rechtsstreit eintreten. Er hat lediglich die Möglichkeit als Nebenintervenient aufzutreten, da er ein Interesse am Obsiegen des Beklagten hat (§ 66 ZPO.). Müller ist dann sogenannter streitgenössischer Nebenintervenient, da die Rechtskraft der Entscheidung im Verhältnis zur Klägerin sich auch auf ihn erstreckt (§ 69 ZPO., § 25 HGB.).

V.

Der Prozeß wird unterbrochen (§ 240 ZPO.). Da nach § 157 VVG. das durch die Witwe Huber geltend gemachte Recht zu einer Absonderung führen würde, kann der Prozeß sowohl vom Konkursverwalter wie von der Klägerin aufgenommen werden (§ 240 ZPO., § 11 KO.). Die Forderung der Huber ist also keine gewöhnliche Konkursforderung. Sie braucht nicht angemeldet zu werden, muß vielmehr außerhalb des Konkurses geltend gemacht und befriedigt werden (§ 4 II KO.).

Aufgabe III.

I.

A macht sich schuldig:

a) Eines Vergehens der Beleidigung nach § 185 RStGB. Durch den Ausdruck „Du Lausbub" gibt er seine Mißachtung dem B gegenüber kund. Er will damit erreichen, daß B von den unzüchtigen Handlungen abläßt. Diese sind ein Angriff auf das allgemeine Sittlichkeitsgefühl. Die Sittlichkeit ist zwar nach allgemeiner Rechtsauffassung (RG. Bd. 84, 215) ein wehrfähiges Gut, so daß gegen einen Angriff gegen die Sittlichkeit Notwehr nach § 53 RStGB. zulässig ist. Dennoch kann dem A der Schutz des § 53 nicht zugebilligt werden, da der Ausdruck „Lausbub" oder Kundgabe der Mißachtung nicht nötig war, um den Angriff abzuwehren. Es liegt also Notwehrexzeß vor.

b) Eines Vergehens der tätlichen Beleidigung in Idealkonkurrenz mit einem Vergehen der leichten Körperverletzung nach § 223 RStGB. Die Ohrfeige ist Kundgabe der Mißachtung nach § 185 RStGB. und zugleich eine körperliche Mißhandlung nach § 223 RStGB. Über Notwehr und Notwehrexzeß gilt hier das gleiche wie unter a. Ein Züchtigungsrecht steht dem A nicht zu. Die Straftaten unter a und b stehen unter sich in Realkonkurrenz (§ 74 RStGB.).

C macht sich schuldig:

a) Eines Vergehens der Sachbeschädigung nach § 303 RStGB. Das Einschlagen des Glases in der Wohntür des A ist Beschädigung einer fremden Sache. Ein Hausfriedensbruch liegt in dieser Handlung noch nicht, da hiezu ein Eindringen oder Verweilen nötig ist. Das Einschlagen der Tür soll das Eindringen vielmehr erst ermöglichen.

b) Eines Vergehens des Hausfriedensbruches nach § 123 II RStGB. In dem Öffnen der Tür von innen ist bereits ein Hausfriedensbruch zu erblicken, da Eindringen des ganzen Körpers nicht erforderlich ist. Das nachfolgende Eintreten in die Wohnung ist kein neuer Hausfriedensbruch, vielmehr mit dem Öffnen als einheitliches Vergehen anzusehen. Da C eine Waffe bei sich trug kommt die erschwerte Strafdrohung des Abs. II zur Anwendung.

c) Eines Verbrechens des versuchten Totschlages nach §§ 212, 43 RStGB. in Idealkonkurrenz mit zwei gleichartig ideell konkurrierenden Vergehen der Sachbeschädigung nach § 303 RStGB. Der Tatbestand des § 212 RStGB. erfordert Tötung eines Menschen und Ausführung der Tat ohne Überlegung. Durch den Schuß wurde kein Mensch getötet, C hat aber durch die Abgabe desselben mit einer Ausführungshandlung des § 212 RStGB. begonnen. Dies ist allerdings bestritten. Die Anhänger der objektiven Theorie erklären nämlich, daß im vorliegenden Falle mit einer Ausführung überhaupt nicht begonnen werden könne, da es an einem nach dem Tatbestand erforderlichen verletzbaren Objekt fehle. Im Gegensatz hiezu ist nach der vom RG. vertretenen subjektiven Theorie die Strafbarkeit in der Kundgabe des verbrecherischen Willens zu sehen. Das RG. bejaht also auch in diesem Falle den Anfang einer Ausführung des Verbrechens und nimmt strafbaren Versuch an. Daß C mit Tötungsvorsatz handelte, läßt sich unschwer aus seiner Bemerkung „Du wirst mir meinen Jungen nicht mehr anrühren" und der gleichzeitigen Abgabe des Schusses entnehmen. Die Ausführung der Tat mit Überlegung ist mit Rücksicht auf den Wutausbruch des C zu verneinen. Die in Tötungsabsicht abgeschossene Kugel durchbohrte den aufgehängten Rock und blieb in der Wand stecken. Dies ist Beschädigung fremder Sachen. Vorsatz ist in der Form des dolus eventualis zu bejahen.

d) Eines Vergehens des verbotenen Waffenbesitzes und Waffenführens nach § 25 des Schußwaffen- und Munitions-Gesetzes.

Die unter a, b, c und d aufgeführten Straftaten des C stehen unter sich in Realkonkurrenz (§ 73 RStGB.).

D ist Jugendlicher im Sinne des § 1 JGG. Als solcher ist er nur unter der Voraussetzung des § 3 JGG. strafbar. Bei Bejahung dieser Voraussetzungen macht er sich schuldig eines versuchten Verbrechens des schweren Diebstahls nach § 243 Nr. 2 und 7 RStGB. in Idealkonkurrenz mit einer Übertretung des Mundraubes nach § 370 Nr. 5 RStGB. D ist mit Diebstahlsvorsatz zur Nachtzeit in die Wohnung des A eingedrungen und hat in der Küche nach geeigneten Gegenständen gesucht. Es liegt also ein Anfang der Ausführung vor. Daß er die Geldbörse als unbedeutend liegen ließ, kann für ihn nicht Straffreiheit nach § 46 Nr. 1 RStGB. begründen. Der Umstand, daß er nichts Geeignetes fand, liegt außerhalb seines Willens. Über die Frage des Vorliegens eines Rücktritts vom Versuch, weil er sich nicht weiter in die Wohnung hineingetraute, siehe oben Schlußprüfung 1929/30 Aufgabe III, 1b. Durch das Mitnehmen der Hartwurst macht sich D eines Mundraubes schuldig. Daß die Entwendung unter erschwerenden Umständen erfolgte, ist gleichgültig, es liegt Idealkonkurrenz mit § 243 vor (RG. Bd. 53, 198). Das nachträgliche Verzehren und Weitergeben an die Mutter ist straflose Nachtat.

B ist ebenfalls Jugendlicher. Unter den gleichen Voraussetzungen wie D macht er sich schuldig:

a) Eines Verbrechens nach § 176 Nr. 3 in Idealkonkurrenz mit einem Vergehen nach § 183 RStGB. Er nimmt mit einem erst zehnjährigen Mädchen unzüchtige Handlungen vor. Dadurch hat er öffentliches Ärgernis gegeben. Daß nur A Ärgernis genommen hat, reicht aus, weil Ärgernis einer Person genügt, wenn nur die Möglichkeit der Wahrnehmung durch unbestimmt viele Personen gegeben ist.

b) Eines Verbrechens der Anstiftung zu einem versuchten Verbrechen des schweren Diebstahls nach §§ 243 Nr. 2 und 7/43, 48 RStGB. in Idealkonkurrenz mit einer Übertretung der Anstiftung zu einer Übertretung nach § 370 Nr. 5 RSt.-GB. Überredung ist ein anderes Mittel des § 48 RStGB. In dem Hinaufhelfen liegt eine Beihilfe, die jedoch durch die Anstiftung konsumiert wird. Aus dem Umstand, daß die Beute später geteilt werden sollte, kann nicht auf Mittäterschaft geschlossen werden. Nach der obj. Theorie wäre hiezu Ausführung einer tatbestandsmäßigen Handlung (das Hinaufhelfen ist keine solche), nach der subj. Theorie animus auctoris nötig, d. h. B müßte die Tat als seine eigene wollen. Keine dieser Voraussetzungen ist gegeben. Sollte D nach seiner geistigen und sittlichen Entwicklung unfähig sein, das Ungesetzliche seiner Tat einzusehen und seinen Willen demgemäß zu bestimmen, so ist B nach § 4 JGG., insofern bei ihm diese

Fähigkeit nicht ebenfalls verneint wird, trotzdem als Anstifter und nicht als mittelbarer Täter zu bestrafen.

Die unter a und b aufgeführten Straftaten des B stehen in Realkonkurrenz (§ 74 RStGB.).

E, die Mutter der Jungen, macht sich dadurch, daß sie es unterläßt, den von B angestifteten D von der geplanten Tat abzuhalten, einer negativen Beihilfe zu der Tat des D schuldig. Als Mutter hat sie die Pflicht, die noch minderjährigen Kinder zu beaufsichtigen und ein solches zu ihrer Kenntnis gelangte Vorhaben derselben zu verhindern. Dieser Pflicht hat sie nicht genügt und sich dadurch an der Tat ihres Kindes mitschuldig gemacht. Sollte D mangels der Voraussetzungen des § 3 JGG. straflos sein, so wäre die Mutter trotzdem nach § 4 JGG. als Gehilfin strafbar. § 361 Nr. 9 RStGB. kommt nicht zur Anwendung, da er bei Vorliegen von Teilnahme nur subsidiäre Bedeutung hat (vgl. Ebermeyer Anm. IX, 2).

Durch das Mitessen der Wurst macht sich E keiner Hehlerei schuldig. Siehe ordentl. Univ.-Schlußprüfung 1923 Aufgabe III, II, 2.

Das zehnjährige Mädchen ist straflos gemäß § 2 JGG.

2.

Im Strafverfahren gilt der Grundsatz der materiellen Wahrheitserforschung. Hiernach hat das Gericht unabhängig von dem Vorbringen des Angeklagten auf vollständige Klärung hinzuwirken und ist verpflichtet auch die für den Angeklagten günstigen Momente zu klären und zu würdigen. Bei dieser Tätigkeit ist das Gericht im Gegensatz zum Zivilprozeß völlig selbständig und nicht an gestellte Anträge und Einwendungen gebunden (§ 155 RStPO.). Den so ermittelten Sachverhalt hat das Gericht nach freier Überzeugung zu würdigen und hienach zu entscheiden (§ 261 RStPO.). Es konnte also im vorliegenden Fall das Gericht trotz des Einwandes der Notwehr durch den Angeklagten das Vorliegen derselben verneinen.

3.

Die Scheidung war zulässig. Nach § 3 JGG. ist der Jugendliche nur soweit strafbar, als er zur Zeit der Tat nach seiner geistigen und sittlichen Entwicklung fähig war das Ungesetzliche seiner Tat einzusehen und seinen Willen demgemäß zu bestimmen. Diese Voraussetzungen der Strafbarkeit müssen für jede einzelne Tat besonders geprüft werden, so daß für eine Tat diese Voraussetzungen bejaht, für eine andere verneint werden können. Was im Hinblick auf verschiedene Handlungen gilt, gilt auch dafür, ob sich der Jugendliche bei Begehung einer Straftat in der einfachen oder erschwerten Form schuldig gemacht hat.

4.

Im Hinblick auf § 265 I RStPO. durfte eine Verurteilung ohne besonderen Hinweis auf die Veränderung des rechtlichen Gesichtspunktes nicht erfolgen. Es heißt allgemein „auf Grund eines anderen", also auch eines milderen und nicht nur eines härteren Strafgesetzes.

Kolibri 360 GmbH
Ferdinand-Jühlke-Straße 7
99095 Erfurt, Deutschland
produktsicherheit@kolibri360.de